质量信得过
班组创建与
管理实务

张培英　王书进　刘石榴◎编著

人民日报出版社

图书在版编目（CIP）数据

质量信得过班组创建与管理实务 / 张培英，王书进，刘石榴编著. --北京：人民日报出版社，2023.9

ISBN 978-7-5115-7943-0

Ⅰ.①质… Ⅱ.①张…②王…③刘… Ⅲ.①企业管理–班组管理 Ⅳ.①F272.3

中国国家版本馆 CIP 数据核字（2023）第 151139 号

书　　名：	**质量信得过班组创建与管理实务**
	ZHILIANG XINDEGUO BANZU CHUANGJIAN YU GUANLI SHIWU
作　　者：	张培英　王书进　刘石榴
出 版 人：	刘华新
责任编辑：	刘天一　周昕阳　杨　瑾
封面设计：	陈国风
出版发行：	人民日报出版社
地　　址：	北京金台西路 2 号
邮政编码：	100733
发行热线：	（010）65369527　65369846　65369509　65369510
邮购热线：	（010）65369530　65363527
编辑热线：	（010）65369844
网　　址：	www.peopledailypress.com
经　　销：	新华书店
印　　刷：	北京彩虹伟业印刷有限公司
开　　本：	170mm×240mm　　1/16
字　　数：	220 千字
印　　张：	14.25
版次印次：	2024 年 1 月第 1 版　　2024 年 1 月第 1 次印刷
书　　号：	ISBN 978-7-5115-7943-0
定　　价：	69.00 元

序

　　质量是企业的生命、品牌的基础，更是企业发展的灵魂和竞争的核心，在质量强国的战略要求下，班组也要以"质量信得过"为标准，努力开展质量信得过班组创建活动，提升班组提供的产品和服务质量，强化企业的基础管理水平。

　　质量信得过班组，即通过提升班组成员技能和素质，应用科学的治理理念和先进的质量工具方法，将班组打造成为一个能够为用户提供最优质、最可信任的"产品"，为用户创造价值，从而赢得用户信任与信赖的基层组织。

　　质量信得过班组深受用户的信任与信赖，能为企业和个人创造更大的价值，带来更多的荣誉，所以，成为质量信得过班组是很多班组努力的目标。那么，质量信得过班组是缘何而来的呢？

　　20世纪60年代初是我国企业质量管理调整时期，不少行业、企业重建并整顿管理制度，修订后的《技术检查工作条例》的发布，促使质量管理工作有了较新的开展。1978年，相关部门印发了《关于进一步开展班组"产品质量信得过"活动的决定》和《"产品质量信得过"班组验收条件（试行）》，在全国机械工业系统大力开展"产品质量信得过"活动，强调"产品质量信得过"班组对产品质量要精益求精，真正做到"自己信得过，检验员信得过，用户信得过，国家信得过"。

1993 年，在由中国质量协会、中国科协、全国总工会、共青团中央联合召开的全国质量管理小组会议上，同时命名表彰"全国质量信得过班组"，在全国范围内展开了质量信得过班组建设活动。

随着时代的发展，各个企业的广泛参与和积极实践，质量信得过班组的内涵不断丰富，到 2017 年 11 月 8 日，中国质协编制的《质量信得过班组建设准则》T/CAQ 10204-2017 团体标准正式发布，这意味着广大企业可以更深刻、全面、精准地理解质量信得过班组建设的意义、程序和方法。

归根结底，质量信得过班组是以提升员工技能、素质，提升班组凝聚力、执行力，并借助科学的质量理念方法保证产品、服务质量信得过为核心思想的，同时坚持以不合格质量不转给用户（下道工序）为基本宗旨，聚焦于班组内的质量保证活动，从而交付给用户信得过的产品、服务等。

质量信得过班组的创建遵循四个基本理念：关注顾客、诚信守诺、有效学习、改进创新。在这四个基本理念的引导下，班组能够快速找出当前的问题与不足，从而设定新的班组创新目标，制订对策、措施和方法，组织实现班组的提升与突破。

质量信得过班组的创建过程并非一蹴而就，它是一个长期的、需要群众参与企业质量管理的行为，所以在创建过程中切忌贪大求全，而是要立足于实际，充分将某一方面的具体思路、实施过程和方式方法等做细、做实、做透。

本书围绕质量信得过班组的创建与管理，从团队建设、制度建设、现场管理、设备养护、安全管理、质量把控、有效学习和改进创新几个方面深入浅出地阐释了班组在创建与管理过程中、在各个场景中的具体管理方略，规范了创建活动要求、明确了评价标准、解读了质量信得过班组创建和管理中常见的问题，辅以鲜活的案例和清晰的创建与管理条例，希望广大读者能够从中得到启迪、指导实践。

目录

第三章　定制度，用约束力提升班组竞争力

第四章　抓现场，实现安全生产"零事故"

第五章　护设备，用心养护才能出高效成果

第九章　善创新，为卓越班组永续发展赋能

第一章

带团队，做让企业信得过的班组长

在企业中，管理者事必躬亲，每天都忙得不可开交并不见得是好事。带团队，调动员工的工作积极性，才是管理者最应该做的。因此，在创建质量信得过班组的过程中，班组长是否善于带团队、发挥"头雁效应"、让企业信得过就显得至关重要。在质量信得过班组建设中，班组长应首先明确权责，学会妥善处理班组人员关系，做好承上启下的桥梁和纽带，以身作则、率先垂范，如此才能不负所望，带领班组争先创优。

1. 发挥 "头雁" 效应，做有担当的指挥者

俗话说："火车跑得快，全凭车头带。"一个优秀、先进的班组一定有一名合格的班组长，他不但能够严于律己、以身作则，还善于通过各种方式激活班组活力，带动全员的工作积极性。

一名称职的班组长总会率先垂范，发挥 "头雁" 效应，以上率下，争当组员的学习楷模，把自己打造成班组的一把 "标尺"，让全员在工作中有据可循、有理可依，从而为企业的发展提供源源不断的动力。

在班组工作中，班组长的作用不言而喻，他好比这个小组织中的方向标，一举一动都指示着全员的行动态势，所以，班组长必须首先是个有担当的指挥者，如此在工作中才会做出正确的选择，带领组员走正确的道路，以免在班组工作中迷失方向。

☆★☆★☆★☆★☆★☆★☆★☆★☆★☆★☆★☆★☆★☆★☆

"卓越班组长自身应具备营造文化、引领团队、提高绩效的技能，要学会改变员工的态度、讲好属于自己的故事，让团队之间的思想、情感、价值观、行为达成一致，从而达到凝聚人心、释放员工潜能的目标。"这段话出自 2011 年入职武汉地铁营运有限公司的值班站长管斌之口。

管斌自入职以来，在工作中一丝不苟、勇于担当，在工作中总能身先士卒，不畏接踵而至的各种挑战。他牢记自己作为班组长的身份，时刻不忘为班组成员排忧解难，曾直接或参与提出了 "交接岗流程优化" "交接班事项分类规整" 以及 "班组员工激励机制" 等多项班组管理优化措施。

在岗位工作上，他也努力去做一个有温度的服务者，真心实意地为乘客着想。小到乘客丢失的一把雨伞、一串钥匙，大到价值十余万元的首饰物品，他都会细心、耐心地为乘客找回，解决乘客的忧心事、烦心事。"乘客之所思，我之所行"成了他时常挂在嘴边的一句话。在车站一线工作十余年，他始终身体力行，把最平凡的工作做得有声有色。

管斌强烈的担当精神还表现在对新进组员的"传帮带"上，他一直亲自参与到站区及车站新员工培训、实操考核的工作中，为员工和工作谋思路、出策略，持续地输送着个人能量。"脚踏实地、严谨认真、锐意进取、忠于使命"，也成了很多员工对他的第一印象和最响亮的评价。

2022年，在新一年的班组管理培训中，管斌一如既往地展现出了一名优秀班组长勇于担当的一面。在开班之初，他带领的班组一开始积分排名垫底，作为班组长他马上冲在最前头，安抚组员情绪、调整组员心态，带领大家积极思考并探讨各种问题。最终，他的班组成功逆袭，不但获得了"标杆团队奖"，还一举拿下了当期培训个人、小组双料冠军。

"群雁高飞头雁领"，一个班组要想变得优秀，离不开作为"排头雁"的班组长的领导。任何一个组织，无论大小，它的气质和能量大多是由领导者自身的素养决定的。换句话说，班组长若是个遇到问题只会退缩，没有担当意识、缺乏责任感、使命感的人，就必然带不出一支拥有钢铁意志的团队。

因此，在班组工作中，班组长要想正确发挥"头雁"效应，就必须在以下几个方面提升自己的思想认知。

首先，做组员的榜样。班组长的一言一行对组员都会产生直接或间接的影响，也会刺激他们的情绪、心理和外在表现，所以，班组长要采用正确、积极的方式感化、带动组员，更多地用行动来触发他们内在的能量源，以达到语言无法达到的效果。

其次，规范标准。班组长的角色本身就是一把无形的"戒尺"，简单地说，企业是因为班组长在各个方面达到了一定的标准才将其提升为班组长的，所以班组长自身便是组员的"活榜样"，但组员是否发自内心地愿意向这个榜样学习，则见仁见智。因而，班组长有必要保持谦卑的心态，不要居功自傲，要以可以落在书面或口头的规范作为衡量的标准，让组员产生积极的心理认知，同时形成科学的奖罚机制，让组员有据可依，时间一长，整个团队会形成良性的竞争氛围。通过这种方式来规范标准，班组长便能更轻松地组建起一支素质过硬的班组团队。

最后，对待矛盾，不偏不倚。公正才能让人信服，在班组工作中也是如此。班组长要打造公正的班组环境，当组员之间发生矛盾时，要不偏不倚，公正地处理问题，并让矛盾双方心服口服，如此才能获得组员的尊重。切记，以惩罚作为处理矛盾的唯一方式的班组及班组长，是不可能长久地保持优秀的。

一个班组如同一个金字塔，班组成员是"基石"，班组长则是"塔尖"，若想班组稳固发展，作为"塔尖"的班组长就要发挥"头雁"效应，承担起保证金字塔长久稳固的重担，而这也有利于激发全组成员锐意进取的精神。

☆★☆★☆★☆★☆★☆★☆★☆★☆★☆★☆★☆★☆★☆★☆★

刘汉强是一名党员，也是一名班组长。多年来，他始终在岗位上兢兢业业、尽职尽责，是一名具备担当意识的班组长。他用自己的一举一动为班组成员做出了榜样和表率。

刘汉强20岁时便进入了微山昭阳煤矿，在岗20年，一直奋战在采掘一线。2014年，他带领班组成员做出了生产原煤8

万多吨，且工作质量优良的好成绩。而这样的成绩，是他们在工作面搬家频繁、地质构造复杂、运输战线长等诸多不利的情况下取得的。

当时，经过重组后的采煤一班的 36 名职工中，有六成是入职一年的员工，甚至有的员工只有半年的工龄，整个团队素质低、技能差，这给班组安全生产带来了很大困难。作为班组长的刘汉强知道，在这样的紧要关头，必须直面困难和压力，绝不能为不能完成任务找借口。他先是与新员工签订了师徒合同和安全保障合同，又让能力不足的组员多与工龄长、技术好的同事磨合。很快，他带领的班组便达到了安全生产的基本要求。

此外，刘汉强也明白"打铁还需自身硬"的道理，知道如果自己技能不过硬，是很难带出响当当的班组的。所以，他虚心好学，苦练技能，先后多次获得矿上"技术比武状元"的称号。

众所周知，工作面范围易发生影响生产的因素要数刮板运输机，它若出了问题，整个矿上各个岗位的人员都会如热锅上的蚂蚁。不过，矿上因为有了刘汉强，大家都没有那么担心了，因为他总是时刻注意对溜子进行维护和保养，绝不允许影响生产的隐患存在。大家都说：只要有刘汉强，我们就放心。刘汉强自己也说：如果应付不了采煤面上的活儿，我就不是一名合格的班长。

作为矿上的"排头雁"，刘汉强用自己的实际行动诠释了一名合格、优秀的班组长应该具备的素养，在他的带领下，班组成员也都十分注重个人技能的提升，大家紧密地团结在他周围，为实现班组从优秀到卓越贡献着自己的力量。

★☆★☆★☆★☆★☆★☆★☆★☆★☆★☆★☆★☆★

优秀的班组长必须要有吃苦在先、享乐在后的精神，要敢于担当、勇于担当，且具备敢啃"硬骨头"、敢打"硬仗"的勇气和胆量，这样才能在潜移默化中影响班组成员，带给他们积极的情绪，从而组建起一支素质够强、技术够硬的"高质量班组"。

🌿 2. 立威立信，充当班组"指南针"

在质量信得过班组的组建过程中，班组长要充分发挥主观能动性，在提升自身素质和组员素质上必须"下苦功"，由此才能确保在企业管理层级中既发挥出"指挥官"作用的同时，又能成为组员的"方向标"。

在班组工作中，班组长应当具备树立个人威信的意识，善于"立威立信"，即既有威严又讲诚信，这样才能真正发挥出班组长"兵头将尾"的效用，为组建质量信得过班组夯实基础。

通常而言，班组长可以通过以下几个方面树立自己的威信。

第一，以严生威。这是最为常见的一种树立威信的方式，不少班组长都会通过在工作中不讲情面、铁面无私，一切按照规章制度办事来树立自己的威信，表明自己是个绝不徇私的人。这种方式有效地避免了班组工作中"走过场"的情况，也会让组员在内心产生一定程度的敬畏感。不过，"严"只是方法，不是目的，生硬且过于简单粗暴的"严"并不能真正让自己树立起威信，有时候往往适得其反。

卢亮是某厂车间钳工班班组长，他是在激烈的竞争中脱颖而出的。卢亮平时是个对自己要求严格的人，所以担任班组长后，觉得班组管理必须以严为主，要严格执行各项规章制度，容不得半点马虎，这样才会让所有人心服口服。

都说新官上任三把火，卢亮也不例外，上任伊始便马上细化了班组各项管理规定，还把月奖金与考核结果捆绑在一起，当有组员发生违反制度规定的情况时，平日里笑容满面的他立刻绷起脸，大加训斥。就这样，在他上任的一周内，整个班组里超过一半的组员都被他训斥了一遍，其中有几人还被罚款。

慢慢地，大家都开始对卢亮满腹怨气，甚至有组员一见到他就马上转头躲开。以往班组里有几个人和他关系不错，但眼下也都不得不"避而远之"了，卢亮在不知不觉间被孤立起来，他的"威信"自然也树不起来了。

一个人的威信不能依靠强硬的手段和冰冷的规章制度来树立，若他人不能心甘情愿地"臣服"，是很难树立起威信的。因而，严也要有严的技法，照本宣科，为了严而严，是不可能得到正向效果的。

第二，以德生威。顾名思义，借助个人的德行、品德来树立威信，这会让人由衷地产生钦佩感。试问一个处处抢在前头、干在前头，言行举止自觉接受道德的约束，与班组成员能够和睦相处，主动帮扶组员克服困难的班组长，怎能不让人发自内心地拥护呢？所以，做好文明道德的表率，借助德行自然可以树立起威信。

第三，以能生威。能，即技能，班组长自身技能越强，越容易对组员产生强大的吸引力，毕竟谁都不希望自己的领导是个"草包"，因而班组长有必要不断地提升自己的技能，成为班组中的"一流业务高手"，这样才会让组员心服口服，发自内心地愿意追随你。"五多五勤"可谓班组长提升个人技能的有效方法。

跑得多——腿勤：班组长要更多地深入班组工作的现场，对一切安全隐患和问题做到心中有数，及时防患排患，增强预警能力，以确保生产安全有序进行。

听得多——耳勤：班组中总会有各种各样的声音，这些恰恰是组员的"心声"，班组中要多听取每名组员的建议和意见，把各方信息搜集在一起，经过分析、消化后得到办法，以更好地指导工作。听得多还表现在除工作之外，也要多听听组员在其他人生场景中的声音，真诚地关爱组员，发现他们身上不同的闪光点，从而可以根据他们的特质合理安排工作。

看得多——眼勤：班组长在工作现场要练就一双"火眼金睛"，以便及时发现工作中的各种问题，从而把控好每一个环节不出纰漏。眼明心细应当是班组长的一个基础特质。

讲得多——嘴勤：班组长应该经常向组员灌输生产安全的各项规章制度和知识以及注意事项，对有违章违纪行为的组员进行细致的思想教育，让所有组员都切实地意识到安全的重要性，从而强化安全思想意识。

想得多——脑勤：积极的思考会改变人对事物的固有认知，班组长在工作中多思多想，便会在脑海中产生更多有益于班组生产的好办法、好点子，这自然有助于提升班组的工作效率。

班组长只有练就出多方面的技能，才能更大限度地赢得组员的尊重和信赖，由此也会很自然地在组员的心中树立起威信了。

第四，以学生威。班组长是"兵头将尾"，就要凡事都发挥出带头作用，这也对其自身的素质提出了更高的要求。班组长务必要时刻保持学习状态，不断给自己充电蓄能，充当班组的"导师"，解决组员在工作中和生活中遇到的各种问题，这便会让组员在心中对班组长产生适当的"崇拜"心理，班组长的威信在这个过程中会随之树立起来。

此外，班组长除了对自己制订学习目标和学习要求，也要善于带动全组成员共同学习。比如可以先着重培养主力组员，对他们展开有针对性的培训，而后在组内开展适度的"换岗"学习，让全组形成相互学习的氛围，从而带动全组的进步。这种做法同样有利于建立起以班组长为核心、全员群策群力的组织系统。

第五，以信生威。作为一班之长，班组长一定要言出必行，不能食言，不能讲大话、空话，要对自己的一言一行负责，唯有此才能得到组员的认可和信任，组员才会把在工作中遇到的一切问题，甚至个人生活问题毫无保留地讲出来，寻求帮助和解决之道，这也是班组长获得组员推崇的关键点。一旦班组长食言而肥，总是不能兑现诺言，满嘴谎话和欺骗之语，又如何能在组员心中树立积极、高大的形象呢？

第六，以情生威。虽然班组长是一个基层组织的负责人，也是"小领导"，但却不能凡事都上纲上线，要善于把情感投射到管理之中。在工作中，班组长可以适度抛开身份、职务的界限，与组员之间建立起彼此理解和尊重的情感基础，让组员从内心感受到班组长的真诚与善意，这会让他们在工作中更有热情和动力，对班组长这个"大家长"也会满怀感激。

第七，以公生威。公平公正是有效、顺利开展班组工作的基础，班组长在处理组内各项事务时都要立足于公平公正的原则，做到一视同仁，这样才能让组员信服。反之，搞特权或区别对待，只会让组员心寒。

★☆★☆★☆★☆★☆★☆★☆★☆★☆★☆★☆★☆★☆★☆★☆

贺某是某厂生产部门班组长，一次女朋友从外地来看他，他便与其他人换班，跟女朋友享受甜蜜的二人世界。当时厂里正值生产旺季，规定包括班组长在内的所有人都必须按时到岗，忙过这一阶段时间后轮班休假。不过，贺某却私下找人换班，这已经违反了厂里规定。

等贺某回厂后，一名组员向他请假，因家中亲人病重，需要赶回老家。想不到贺某却说："你不知道厂里的规定吗？任何人都不许请假！"

这名组员直接找到厂里领导，说明了事情的来龙去脉。厂里领导一听，马上召开全体会议，点名批评了贺某，并给予记过处分。

★☆★☆★☆★☆★☆★☆★☆★☆★☆★☆★☆★☆★☆★☆★☆

显然，贺某身为班组长，不但没有起到以身作则的良好示范作用，还搞起了特权、双标，有失班组长的身份。可见，班组长做不到公平公正，自然很难"服众"。

因此，班组长是否有威信，在一定程度上决定了班组的凝聚力、执行力和战斗力。在立威立信上，除了上述几个方面，班组长也要因地制宜，根据所带班组的具体情况而定，从而打造出一支业务过硬、作风优良、让企业信得过的班组。

3. 知人善任，激发班组活力

班组是个大集体，组成班组的组员也各有特质、性格不一，所以要想激发组员的潜能、活力和热情，就必须首先弄清楚组员的个性，以便让他们能够充分发挥自身才能。

小陆与小陈是某企业的两名生产班组长，他们都是从基层走上班组长岗位的，对日常工作都能做到规范和有序，可是小陆在某些工作上的表现却远不及小陈。原来，小陆是个事无巨细的班组长，大部分工作都要亲自过问，甚至要自己动手去做，这导致他的工作量激增，没有更多的时间和精力完成其他更需要班组长去做的工作；小陈与之截然相反，他会在班组中选择几个牵头人，由他们来负责更细碎的工作事项，最终由自己进行"验收"。

小陆觉得小陈的办法好，便依样画葫芦，可没过多久，他便发现工作效率还不如之前，在几次分配任务失败后，他放弃了这个办法，觉得与其让组员去做，不如自己亲自动手。

后来，小陆与小陈深入地探讨了工作方法，才意识到原来自己只学到了小陈的"形"，没有学到"神"。虽然他也把任务分配了下去，但所选择的牵头人并不足以承担起重任，换句话说，他根本不了解组员的个人特质，只是为了分配任务而分配，这是他难以做出小陈那种成绩的根本原因。

★☆★☆★☆★☆★☆★☆★☆★☆★☆★☆★☆★☆★☆★☆

组员的特点和能力各有不同，所以为了人尽其才，班组长要慧眼识珠，知人善任，把最合适的人放在最适合的岗位，这样才能实现效率、效益最大化。有鉴于此，班组长必须弄清楚组内成员的"特质"。

一般来说，组员有以下几种类型。

（1）实力型

这类组员业务能力强，在团队中出类拔萃，在一定程度上会成为组内的"风向标"，但也正因如此，他们往往恃才傲物，所以班组长必须妥善驾驭这类员工，否则便会为工作带来不必要的麻烦。

要想驾驭好这类员工，班组长首先要善于为他们打造广阔的平台，让他们觉得有用武之地，同时不妨在工作中多向他们"请教"，征求他们的意见，让他们多想办法、出点子，尤其在工作中遇到难题时，要让他们冲在最前沿，如此便会极大地激发他们工作的主动性和积极性。

（2）知识型

知识型组员更具有创造力，喜欢宽松、简单、融洽的工作环境，他们在这样的环境中才更容易投入更多的精力，创造有价值的成果。所以，班组长要为这类员工提供能发挥他们能量的场所或营造相应的工作氛围。比如，在开展班组各项工作计划的制订和各级管理工作的研讨时，多鼓励他们参与其中，以便激发他们的使命感、责任感。

（3）好胜型

这类组员有着强烈的胜负欲，凡事都要"强出头"，这造成了他们的人际关系不佳，在班组内容易被排挤和孤立。当然，这类组员也有其优点，比如敢想敢干、敢冲敢闯，所以只要善加利用，是完全可以为班组创造巨大价值的。

★☆★☆★☆★☆★☆★☆★☆★☆★☆★☆★☆★☆★☆★☆★☆★☆★

某医药公司销售组组员小孙，在工作中非常努力，对客户也十分热情，销售业绩一直名列前茅。可是，她的好胜心却让同事大呼"受不了"。每当有客户登门时，她也不管有没有人接待，便会直接冲过去主动介绍，几乎把每个同事都当成了竞争对手，同事们都不愿意和她一组。

销售组长经过一段时间的观察，发现小孙的好胜心和逢事必赢的信心也不是全无可取之处，为了不打击她的积极性，销售组长特地为小孙新开了一个柜台，由她自己负责，主要销售各类新药、特药等。

小孙在新柜台仍然发挥出了自己的强项，不过一个人创造的业绩与整个团队还是无法相比的。后来，小孙逐渐意识到了团队的重要性，也开始主动改正自己的缺点。

★☆★☆★☆★☆★☆★☆★☆★☆★☆★☆★☆★☆★☆★☆★☆

好胜型员工总是对自己充满信心，对自己的业务能力和经验比较自负，这也成了他们敢于争和抢的资本。班组长要充分地利用这一点，让他们在适当的岗位不断发光发热，这样既能满足他们的个人诉求，也会有效规避他们与其他同事发生冲突，能为班组创造更大的效益。

(4) 叛逆型

每个班组中都会有这种类型的组员，他们常常与他人，甚至组长"对着干"，与实力型员工稍有相似，但有所不同的是，他们会明显地表达出自己的情绪，似乎对什么都"看不惯"。对待这种类型的组员，班组长可以通过以下三种方式管理。

首先，不理会他们的"发难"。班组会议是这类组员表达自我的最佳时机，他们会对他人的决策产生本能的对抗心理，片面地认为只有自己的观点最有价值，对团队的作用最大，对他人的观点和意见评头论足。或许他们的某些观点是对的，可班组长仍要顾忌到绝大多数组员的士气和心理活动，避免全员的注意力只放在他一个人身上。这种无视，会让他们觉得自己的观点没有市场，久而久之，他们便"知难而退"了。

其次，善于利用他们的智慧。事实上，让这类员工"知难而退"并不是最终目的，只是有效改善可预见"冲突"的手段。其实这类员工常常能出新出奇，从意想不到的角度分析问题，所以班组长不妨把一些需要合作完成的工作交给他们，让他们提出自己的建议和方案，并寻求他人的支持，时间一长，他们就会主动意识到"唱反调"的弊端。

最后，适当地深入交流。班组长可以开诚布公地告诉他们，团队需要每个人发出光与热，不是个人意志的表现舞台，虽然团队不排斥那些勇于表现自我的组员，可这并不意味着可以随意挑战群体。人可以有棱角，也可以有不同的想法，不过最好在私底下沟通交流，无须采取针尖对麦芒的方式。将心比心，当班组长坦诚以待，组员也会有意识地留意自己的言行。

（5）经验型

这类组员在班组中具有一定资历，深耕多年的他们在很多方面都有独到的见解，不过经验也容易变成束缚，他们因为长时间奋斗在一个岗位上，缺乏新鲜感和干劲儿，所以工作效率大打折扣，因此对待这类组员，班组长首先要抱持恭敬的态度，善于向他们"请教"，在反复出现的问题上多听他们的意见。

当然，经验型组员有时会依仗自己的工作经验对其他人，甚至班组长指指点点，因此，班组长不妨把这类组员与新进组员合理编排，形成"以老带新""以新感老"的局面，彼此互相影响，既能有效改善经验型员工的"疲态"，也能发挥出他们的价值，帮助新进组员快速成长。

(6) 拖拉型

每个班组中都有做事拖拉、磨蹭的组员，他们因为性格懒散而导致对工作提不起热情，对待这类组员，班组长要制订严格、清晰且明确的工作计划。初期可以少订计划，适度延长工期，同时紧盯过程，甚至可以为他们量身定做每个环节的具体时间表。此外，也要与绩效结合起来，绝不能让工作计划和时间表形同虚设，那样无法从根本上解决问题。而与绩效挂钩后，奖罚分明的现实会让这类员工意识到自己的行为必将产生的后果，从而获得极大的改善。

(7) 情绪型

这类组员在工作中异常"敏感"，因为一个问题或环境的变动，抑或同事、领导的某句话便会发生很大的变化，归根结底，在于他们易受情绪的影响，或者说本人不善于控制情绪。所以我们有时会看到一个平日里表现出色的组员，往往会因为一个小小的情绪波动而"功败垂成"。

面对这类组员，班组长要化身为"心理辅导师"，适时地舒缓、排解他们的负面情绪。首先，要弄清楚他们情绪波动的源头，接着对症下药，让他们学会主动调节情绪，由悲转喜，切忌把不良情绪带进工作中。

班组是一个大家庭，班组长扮演着"家长"的角色，每名组员都好似"孩子"，称职的家长总能合理地安排所有孩子的起居饮食。所以，出色的班组长也要知人善任，先了解组员的秉性特质，而后因时制宜、因人制宜，把每一名组员都锻造成降本增效的好手。

4. 尽职尽责，"兵头将尾"要真抓实干

　　班组长是一个班组的核心，也是企业的基层管理者，长期处于生产一线，所以他的一举一动、一言一行都会直接对班组成员产生示范效应，他尽责与否也会被所有组员看得清清楚楚。正所谓"上行下效"，如果班组长自身懒散松懈，无法立足于本职工作，又如何能带出让企业信得过的卓越班组呢？

　　相信班组成员也不希望自己的领头人毫无战斗力，因而作为"兵头将尾"的班组长必须尽职尽责，勇当工作中的先锋官，凡事冲锋在前，以彰显一线组织者、指挥者的本色。

★☆★☆★☆★☆★☆★☆★☆★☆★☆★☆★☆★☆★☆★☆★

　　朱玉伟（化名）是某公司装备车间一组的班组长，他是个敢于担当、也愿意为组员作表率的人。他只有初中学历，不过凭借吃苦耐劳和苦学的精神，不但熟练地掌握了各种现代设备的操作技术，还拿到了公司的技术大奖，甚至公司的不少技术人员遇到难题时都会找他探讨。

　　"朱玉伟话不多，是个内敛低调的人，他的成绩都是干出来的！"车间里的很多人都这样评价他。

　　朱玉伟不但个人业务过硬，在工作中也懂得把自己的经验和方法分享出去，对此他说："一个称职的班组长必须学会'传帮带'，这是班组长的职责所在，如果带不出几个能挑大

梁的人，这班组长就白当了。"就这样，不少组员在他的用心教授下都能独当一面。

在组员眼中，朱玉伟是个凡事都争先的人，不管什么活儿都会带头干，不会考虑自己班组长的身份，在工作中就像大家的老大哥一样。在这样的班组中工作，组员个个充满干劲儿，而朱玉伟所带的班组也自然成了公司的"优秀班组"。

★★★★★★★★★★★★★★★★★★★★★★★★★★★★★★★★★★★

不难看出，朱玉伟的确是一个值得组员学习的榜样。担当是一种责任，也是一种自觉，能够尽职尽责的班组长总能用自己的这种自觉诠释责任，因为他们真正地把班组的担子扛在自己肩上。他们就像一面旗帜，竖立在那里，可以确保组员始终都有清晰的目标。

优秀的班组长常会把企业的利益得失、组员的难处放在自己心头，绝不会推卸责任、逃避问题，他们拥有坚韧不拔、迎难而上的精神，这也是他们能够担任班组长的重要原因。

★★★★★★★★★★★★★★★★★★★★★★★★★★★★★★

凯里供电局修试管理所变检班班组长钱孝祥，曾荣获"全国电力行业优秀班组长"的荣誉称号，能够获得如此殊荣，自然与他立足岗位，尽职尽责，充分发挥出了"兵头将尾"的作用密不可分。

在工作中，钱孝祥设计了一套独有的管理方法。首先，他会定期召开班组内民主生活会，把大家的意见都收集上来，筛选出有利于班组发展的。之后会确定班组安全生产目标，再然后是结合班组工作实际建立健全班组安全生产规章制度，同时做到奖罚分明，最后是大力推行现代安全生产管理方法。

可以说，钱孝祥的这套管理方法对于提升班组效能大有裨益，也把班组管理水平提升了一个新台阶。

钱孝祥除了在管理方法上发挥出了班组长的作用，在具体的工作中，也依然一马当先。一次，他下班回到家正准备吃饭时接到了一个紧急电话：一处高压电站出现故障，若不及时处理，会发生主变跳闸，继而产生大面积停电的后果。此刻的他顾不得吃饭，马上驱车赶往事发地。

经过三个小时的颠簸，钱孝祥抵达事发地已是晚上9点多钟，他马上组织人员翻沟盖板、放电缆，一直忙碌了4个多小时才将冷控箱的接触器、电缆线全部更换完毕，确保了电站正常供电。

次日下午，家里的电话就响了：一处变电站出现了故障。钱孝祥二话不说，直接赶往事发地，及时解除了故障。这边刚完工，那边又有一处变电站发生故障，且发现了火球。钱孝祥马上带人赶往另一个事发地。

处理完事故后，已是夜里10点多钟，当他看着市区街道一片明亮时，心里有说不出的畅快。在钱孝祥的"抢修"履历上，这样的"连轴转"是很平常的事情，作为班组长的他深知这一切都是自己的本职工作，只有坚定不移地干下去，才不枉为一班之长。

★★★★★★★★★★★★★★★★★★★★★★★★★★★★★★★★

班组长"兵头将尾"的特点决定他们既是管理者又是示范者，他们需要听从上级的指令和委派，把任务落实到班组成员身上，又必须以身作则，率先成为任务的执行者。在这个过程中，他们必须发挥出班组长这一特殊角色的作用，不凌驾于组员之上，踏踏实实地走进基层，与组员共同为企业的降本增效鼓足干劲儿。

树榜样、做表率是班组长尽职尽责的体现，他们也只有身体力行、躬身实践，才能得到组员的支持和拥护，从而带动全员一起做好班组工作。班组长的尽职尽责，着重表现在以下几个方面。

第一，实干。说得再多不如一个行动，班组长应该树立强烈的事业心、责任感，勤勉敬业、脚踏实地，主动把脏活累活揽在身上，要有吃苦在前、享乐在后的精神，甘于奉献、乐于付出，用自己的实际行动来影响和带动班组成员，以达到凝聚人心、鼓舞士气的目的。

第二，守纪。遵规守纪是企业对所有成员提出的基本要求，班组长也不能例外，而且班组长要带头遵章守纪，不享特权、不搞特殊，要求组员做到的，自己必须首先做到，这样才能起到更好的示范作用，从而在班组内形成人人遵规定、个个守章法的良好风气。

第三，公正。班组长虽然官不大，但仍是一班之长，是班组的掌舵人。一个和睦、团结的班组必然讲求民主公正，处事不偏不倚，所以班组长要发扬民主之风，允许所有组员自由发声，且不徇私情、奖罚分明，这样才能让组员充分地发挥自身特质，不至于畏首畏尾，产生不良情绪。

第四，勤学。走上基层管理岗位的班组长，大多有一身过硬的业务本领，但这不应当成为阻挡班组长继续前行的绊脚石。又或者说，成为班组长后，仍要在业务上精益求精，绝不可原地踏步，这也是班组长尽职尽责的一个表现。倘若班组长裹足不前，坐吃山空，那么他很快就会被其他更为出色的班组成员"取代"，所以，班组长要利用一切机会自学、苦学，并要带头学习，这样才能持续地为岗位赋能。

归根结底，班组长要清楚自己在企业中所扮演的角色，了解上级领导和所带班组组员的期望，从而更好地履职。

🌱 5. 合理用权，让权力变成降本增效的武器

班组长虽然官职不大，但一样拥有权力，不过班组长要审慎看待手中的权力，不要把权力当成"私人物品"，要知道它代表着信任、责任和使命。班组长绝不能用它来"行私"，否则不仅违反班组长的职责，

更是亵渎权力的表现。

权力是为全组成员的共同意志来办事的，与任何个人都要剥离开，不然很容易发生权力错位现象，出现因公行私、以权谋私的情况。换句话说，班组长在行使权力时，要看用权是否符合组员的意愿，是否代表了班组的利益。

权力是一把双刃剑，公平公正公开地用权，可以为班组谋福利；暗箱操作，怀着不正当的目的用权，只会伤人伤己。因而，班组长在用权之前，要树立正确的责任意识和健康的权力观，并时刻提醒自己用权的方式，避免被权力蒙住双眼。

那么，班组长怎样才能用好自己的权力呢？

首先，公正用权。

在班组这个小集体内，班组长拥有绝对的"话语权"，从工作安排到人员调配，从工资发放到绩效考核等，每个环节都需要班组长做决策，所以班组长可谓掌握着组员的"生杀大权"。话虽如此，但班组长绝不能真的把公权当成私权，视公平公正于无物，随心所欲，肆意妄为。

★☆★☆★☆★☆★☆★☆★☆★☆★☆★☆★☆★☆★☆★

马涛（化名）是一家生产型企业的班组长，且是几个班组长中业绩最好、贡献最大的，这也让他产生了一定的优越感，总是一副趾高气扬的样子。

一次，马涛的一个表弟来投奔他，想要谋一份工作。亲戚开口，马涛当即答应下来，很快便利用自己的职权为表弟在公司找了一份差事。半个多月后，表弟又提出了转正的要求。碍于面子，马涛也没有拒绝，把还没满试用期的表弟破例转正了。

不久，马涛所带班组的副班组长因犯了大错误被辞退，班组里便开始重新竞选副班组长。在班组中，有一个业务能力过人、也颇有人缘的组员是这一岗位的有力竞争者，马涛也觉得他非常合适，便打算提拔他为副班组长。没想到马涛的表弟借此机会再次提出了过分的要求：他想当副班组长。

在马涛看来，表弟入职时间太短，有些业务还不太熟悉，与很多班组成员也不熟络，并不具备成为副班组长的条件，可是表弟说："我是你的表弟，咱们是亲戚，有道是'肥水不流外人田'，我当上副班组长对你不是更有利吗?"表弟的话让马涛动摇了，他想想也是，随后便不顾众人的反对，直接任命表弟为副班组长。

过了一段时间，当初那个副班组长的有力竞争者见"升职无望"，不禁心灰意冷，索性辞了职。而马涛所带领的班组成员也慢慢地失去了往日的活力和热情，整个班组一片死气沉沉，工作效率明显下降。后来企业领导知道了这件事的来龙去脉，直接将马涛和他的表弟开除了。

★☆★☆★☆★☆★☆★☆★☆★☆★☆★☆★☆★☆★☆★☆☆

这是一个典型的任人唯亲，不能合理、公正用权的案例。马涛完全把权力当成了私人物品，随意支配和使用，违背了班组长应履行的职责。班组长在行使权力时，一旦不能秉公处事，徇私枉法，就会让班组中表现出色的成员心寒，会严重地打消他们的工作积极性，最终损害班组和企业的利益。

班组长必须怀有公平之心，处事公正、不偏不倚，一切以业绩为衡量标准，如此才能激发全组成员的工作热情，并在班组中形成良性、健康的竞争风气。

其次，善于授权。

班组长学会在管理中适当下放权力，会让班组工作事半功倍。领导的精髓在于如何做决策和授权。俗话说，"一个好汉三个帮"，个体的时间和精力始终有限，唯有借助他人的力量才能完成不可能的任务，做出更大的成绩。

☆★☆★☆★☆★☆★☆★☆★☆★☆★☆★☆★☆★☆★

某公司有两个新晋班组长，小李和小徐。小李之前一直奋战在生产一线，对生产流程很熟悉，工作上也十分尽力。即便当上了班组长，也依旧忙个不停，他每天都会提前到公司，先了解夜班的生产情况，之后作出当天的工作计划，并召开班前会议，在会上细致地为组员安排一天的工作。

工作期间，小李几乎寸步不离车间，时刻盯着现场，进行必要的监督与指导。偶尔有事外出，他的心也一直记挂着车间的生产情况，手机时不时响起，都是有关组员询问他某件事情要如何决策的。

充实的工作让小李可以时时地获得成就感，可是组员表现出的"无能"却让他苦不堪言，心中惆怅不已，感慨什么时候能有一个做事让他放心的人！

小徐与小李截然不同，他每天的工作比较轻松。早上来到公司后，他会直接把车间的工作逐一授权分配下去，并且为了权力落地，避免有人以权谋私，建立起了"横纵向监督与制约机制"。

以成本费用为例，当生产成本下发到每个生产小组后，各小组长会掌握本班组的总成本，不过班组长并没有权力决定如何采购单项材料，因为还有专门的材料员对其进行把控，如此，在每一个关键节点都有对应的人员进行约束，同时该人员又受制于其他环节，这样就形成了"人人有权，但人人都不能决策"的制衡局面，每个人各司其职，互相"牵制"，但共同目的都是为了高效、高质地完成工作，提升班组效益。

★☆★☆★☆★☆★☆★☆★☆★☆★☆★☆★☆★☆★☆

不难看出，小李是一个不懂得授权的人，事必躬亲，最终所有事情都要自己做；小徐却善于在关键点设置"关卡"，即被授权人，这等于把他的班组长权力进行了细化和分解，让全员共同来行使班组长的权力。二者对比，高下立判。

值得注意的是，班组长在授权之前要做到对自己的组员"知之甚详"，只有了解被授权人的秉性，才能做到放心授权。

三国时期著名政治家、军事家诸葛亮在《将苑·知人篇》中提出了七种识人法，班组长完全可以将其用在班组工作中："一曰，问之以是非而观其志；二曰，穷之以辞辩而观其变；三曰，咨之以计谋而观其识；四曰，告之以祸难而观其勇；五曰，醉之以酒而观其性；六曰，临之以利而观其廉；七曰，期之以事而观其信。"这段话的大意是：通过问答观察一个人对事物的判断力，可以看出他的志向；通过突然询问，可以看出他应对突发事件的能力；通过询问计谋、对策，可以看出他是否有学识以及学识的程度；通过告诉他大难将至，可以看出他是否有勇气和胆识；通过一起喝酒，可以看出他酒后的言行举止和真性情；通过施以恩惠或其他方式，可以看出他本性是否廉洁；通过交托给他一件事，可以看出他的处理能力以及是否忠诚可信。

这套"识人七法"有它自身的局限性，不过只要班组长善于将其合理应用在工作中，仍然可以获得预期的效果。归根结底，班组长必须要做到对被授权人足够了解。

无论是公平公正地用权，还是合乎情理地授权，目的都在通过权力的合理使用为班组带来更大的效益，这一点是班组长做好班组管理工作的根本。

6. 心怀奉献精神，打造正能量班组

班组长虽然是管理者，但因为常常行走在基层和生产一线，所以与一般组员似乎没有太过明显的区别。虽说班组长学会授权能够把自己从基层队伍中剥离出来，不过授权并不意味着自己当"甩手掌柜"；相反，班组长要承担起比组员更多的责任，要事事争先、处处带头，不计

得失、甘于奉献，这也会极大地触动和带动班组成员。

在质量信得过班组建设和管理中，奉献精神不可或缺，且无处不在。身先士卒是奉献，勤勉敬业是奉献，不畏艰难是奉献，先己后人更是奉献……奉献在班组工作中随处可见，且有赖于班组长是不是一个有奉献精神的人。

★☆★☆★☆★☆★☆★☆★☆★☆★☆★☆★☆★☆★☆★

吴文刚（化名）是某热电厂燃料部运输班班组长，大家一提起他都会竖起大拇指，因为他是个对组员有爱，想组员之所想、急组员之所急，且毫无怨言，乐于奉献的人。他的一举一动都让班组成员感受到了爱与温暖，曾有组员因为工作关系调离了他的班组，但谈起他时，话语间尽显留恋："我很喜欢他（吴文刚）的班，他是个十分出色的班组长。"

班组中谢师傅的孩子患了脑瘤，需要马上赴京手术，但是高昂的手术费让刘师傅一筹莫展。刘师傅的妻子是家庭主妇，没有工作，家里的经济担子都落在刘师傅一个人身上。吴文刚得知这一情况后，马上与厂里的领导取得联系，先是为谢师傅申请赴京请假不扣钱，接着组织厂里人为谢师傅捐款，他本人拿出1000元钱来帮助谢师傅，谢师傅再三推辞，他却执意把钱塞到谢师傅的口袋里。

还有一次，厂里正在紧张地筹备一项机组达标工作，但吴文刚所带班组人手不足，他马上冲在最前头，不辞劳苦，与组员一起完成了集控和巡检工作。

平日里，吴文刚还非常关心组员的情绪，发现某个组员情绪波动，会主动询问并加以开导和帮助，时时刻刻不忘贡献自己的一点光、一点热。

★☆★☆★☆★☆★☆★☆★☆★☆★☆★☆★☆★☆★

奉献是一种境界，也能体现出一个人的格局。班组长在工作中要把奉献当成人生的一种追求，在工作中少一点计较、少一点抱怨，这样才能多一分理解、多一分和谐。奉献不是嘴上说说，需要用实际行动来体现。那些"做一天和尚撞一天钟"、得过且过的人，自然不会真正地明白奉献为何物，这也是缺乏责任感、使命感的表现。

要成为一名质量信得过班组的班组长，没有奉献精神是不行的。奉献也是一种无私的情操，是像蜡烛一样燃烧自己、照亮别人。试问一个"腿不勤、眼不勤、脑不勤、嘴不勤、耳不勤"的班组长，总是最后一个来、最早一个走，没有奉献精神，怎么能带领组员创建质量信得过班组呢？

心怀奉献精神，要求班组长在工作中的方方面面都起到表率作用，干在前头、想在后头，不怕流汗流血，处处力争上游，这样才能让全员体会到一种活力和拼劲儿，从而整个班组也会在各个方面都攀升到一个新高度。

★■★□★☆★✦★✦★✦★✦★✦★✦★✦★✦★✦★✦★✦★

叶伟（化名）是某煤炭集团公司煤质处中心化验室多项检测组三组班组长，他自担任班组长起，始终严格要求自己，率先垂范，如同班组的一块砖，有需要他的地方，他总是义无反顾。

在工作中，叶伟深知榜样的力量是无穷的，所以他总是把难活儿、累活儿揽在肩上，从早到晚忙着接收煤样、核对数据、编号管理等，即使组员们都下班了，他还是在自己的岗位上埋头苦干，认真履行班组长的职责。

叶伟在不断提升自我、为班组成员做出表率的同时，也不忘带领全员学习重要的几项检测项目，无私地将自己的经验传递出去，丝毫不怕"教会徒弟，饿死师父"。他还建议化验室负责人把班前会的学习内容与国际业内形势相连，以此拓宽组员的视野，提升全员的综合实力。

在班组管理方面，他也始终坚持公平、公正、民主的原则，遇到化验室进行评先评优、合理化建议等工作时，他会把全员召集到一起进行探讨，充分发挥民主监督作用，绝不与组员争功劳、抢成绩。他也很重视与组员的私下交流，经常与大家谈心，哪个组员遇到困难，他也会召集全员一起想办法。

在叶伟的带动下，检测三组每年都会被评为质量信得过班组，整个团队也成为集团最具战斗力的明星团队，而他也多次被评为先进个人、优秀班组长。

★☆★☆★☆★☆★☆★☆★☆★☆★☆★☆★☆★☆★☆★☆★

鲁迅先生的自嘲中有"俯首甘为孺子牛"的诗句，意思是俯下身子，甘愿成为老百姓的牛，愿为人民肝脑涂地，这自然是不折不扣的奉献精神。在班组管理中，这种孺子牛精神也是班组长必须具备的。

拥有奉献精神，意味着爱岗敬业，对自己的工作抱有极大的热情，从而全身心地投入其中，带着真诚与不妥协，默默耕耘、默默奉献，始终把责任扛在肩上，以一颗火热的心为企业的发展排忧解难。

班组长在自身甘于奉献的同时，也要在班组管理中倡导并弘扬奉献精神，让每一名班组成员自动自觉地为身边人和企业发光发热，由此也能最大限度地激发组员的向心力、凝聚力，继而树立起共同的价值观。

奉献充满着人性的光辉，也是一种爱的体现，这种平凡的精神凸显了一个人面对生活的态度。有奉献精神的班组长，不会计较眼前的得失，也不在意是否自己付出太多、收获太少，他们总是俯首耕耘、不问前程，因为甘于奉献的他们从最开始便没想着为自己赢得多少利益。试问：怀有这种心态的班组长，怎能不触动班组成员，从而带领班组创造出更大的业绩呢？

7. 班组长必备的 14 种能力

质量信得过班组建设原则中，对人员素质提出了相关要求，其中包括营造良好的氛围，引导班组成员树立牢固的质量意识和精益求精的工作态度等。而一个真正让人信得过的班组，除了对班组成员的素质有高标准、严要求外，其实首先要达到各项"标准"的应当是班组长。

通常来说，班组长要具备以下几种能力。

（1）专业能力

班组长的工作集中在生产一线，所以必须有过硬的专业技能才会游刃有余地指导班组成员的工作，也因此才会以"技"服众。具体说来，班组长首先要做到了解产品，包括用途、功能、原理及构造等；其次，熟悉产品的工艺流程，清晰地掌握产品是如何生产出来的，对前后关联的生产线和工序间的工艺关联也要做到心中有数。

（2）目标管理能力

目标管理概念，是现代管理学之父彼得·德鲁克在《管理的实践》一文中首次提出的。他说："目标不是出现在工作之后，相反，先有目标才能确定每个人的工作。"班组长只有具备目标管理能力，才会掌握以最终目标为导向，协调各种资源的有效利用这一管理手段。而当班组长具备了制定切实可行的班组目标，以及高效完成任务的能力，就能快速地把总指标和总任务分解成适合组员的目标和任务，并逐步提升班组成员的参与热情，从而提高班组业绩。

（3）职责能力

这是一种立足于正确理解企业经营方针，并从本质上理解自身岗位职责，明确自身责任目标的能力。作为班组长，要学会灵活运用企业制度为班组服务，这包括具备强烈的目标管理意识、了解目标管理体系；可以根据企业要求制定合理且具有挑战性的生产现场业绩目标；可以进行项目管理，并按要求协调班组成员达成目标；最后能够做班组和个人业绩考核，灵活运用企业绩效管理体系。

（4）解决问题的能力

在班组工作中，问题无处不在、无时不在，所以是否能够快速、妥善、圆满地解决问题，就成了考验班组长"排难"能力的关键。班组长要善于发现问题，敢于直面问题，勇于解决问题，当然，具备这一能力的前提是善思善学，否则会很容易被问题困住，结果自己成了班组中"最大的问题"。

（5）沟通能力

沟通能力表现在两个层面：一是书面表达能力，二是口头表达能力。第一种能力多体现在数据、报表等方面，班组长要让落在纸面上的文字"赏心悦目"且条理分明、逻辑清晰，毕竟谁都不想看到一份杂乱无章、前言不搭后语的文字材料。

第二种能力在日常工作中使用的频率更高，它除了正常的沟通交流外，还着重表现在说服技巧、共情、理解和应变等方面。借助良好的沟通能力，班组长可以更容易地化解各种冲突，甚至能轻而易举地实现跨部门、跨级别的业务协调。具体说来，班组长的沟通能力主要包括以下几点。

首先，与生产现场人员保持频繁且紧密的沟通，以了解他们具体的生产进度，同时更要做好生产现场人员管理，以提升他们的应变能力。

其次，善于报告、联络和商量，实时地掌握最新情况。

再次，不要忽视对班组成员的心理分析，并妥善处理组内组外的人

际关系，实现多渠道业务支持。

最后，借助良好的沟通能力，营造轻松、愉悦、乐观、积极的工作氛围，共建和谐班组。

沟通能力是班组长必备的基础能力，但它并不是简单的"说话"，而是在与目标对话时既简明扼要，又清楚明白，让沟通目标愿意听且听得进去，这才是最有效的沟通，也是高效沟通。

（6）组织能力

优秀的班组长总是善于发挥班组成员的长处和优势，促使大家为了同一个目标努力奋斗，以实现 1+1>2 的效果。良好的组织能力建立在协调、沟通和团结的基础上，要求班组长善于对本组工作进行检查和总结，而后在头脑中形成清晰的脉络，接着人尽其才，把最合适的人放在最适合的位置，最终实现全组人员的整齐划一。

（7）业务能力

业务能力不同于专业能力，或者说，专业能力包含在业务能力之中，它指的是班组长应具备全面了解本部门相关的业务流程，掌握一定的专业技能、业务技能及管理技能的实务运作能力。具体来说，它包括：班前会，任务分工；安全生产、文明生产，扎实推进现场 6S 管理；重视产品质量，做好生产前的质量统筹和规划，逐渐提升工作及产品质量；做好物料管理，防止物料混用及浪费；做好设备的维护、工艺的改进、成本的降低和效率的提升；做好成本管理，致力于节能降耗，提升物资与人力的利用率等。

（8）改进工作的能力

班组长是一线的指挥官，对生产现场的状况自然了如指掌，所以应当具备发现存在于工作环节中的各种问题的能力，并加以改进，以提高工作效率。具体包括：建立正确的问题意识，认识到当前工作与预期的差距，从而正视问题，立足于问题进行改进；及时发现问题，对问题保有敏感性，利用自己的专业知识来辨别问题的发生源及类型；灵活运用PDCA质量管理法对问题做细致全面的分析。

班组长在工作中必须足够细致才能发现问题，同时也要掌握各种技能，才可以妥善解决问题，继而改进工作。

(9) 激励能力

这种能力更多的是一种领导力的体现，对组员的价值取向和工作观念都会产生直接影响，从而激发组员创造价值的干劲和热情。有研究显示，计时工资可以发挥出人们20%~30%的能力，但当他们获得充分的激励时，这个数值就会变成80%~90%，由此可见激励的作用。因而，班组长要善于通过各种渠道和方式激励组员，这会为整个班组创造出令人意想不到的成绩。

(10) 指导能力

班组长因为个人能力出色而走上了基层领导岗位，但个人出色不代表一定可以带出优秀的团队，所以班组长要重视对组员的"传帮带"，善于指导组员，在行为规范和业务等方面指出"明路"，如此才有机会打造出业务能力过硬的优秀班组。

(11) 心理承受能力

每个人的人生都不可能一帆风顺，总会起起伏伏，苦难和挫折时常相伴，然而在面对恐惧和失落等负面情绪时，却不能服软认输，要有迎难而上的精神。班组长在班组工作中也常常会遇到让自己措手不及的事情，这也正是考验其抗压能力的关键时刻，学会舒缓负面情绪，就会拨云见日；反之，不但工作上会遭遇重重阻碍，人生或许也会因此陷入低迷的境地。因此，班组长要学会舒缓不良情绪，善于快速恢复斗志，避免因个人意志力薄弱影响整个团队。同时，若没有较强的抗压能力，承受不住外界的种种刺激，也就无法正常履行班组长职责。

（12）幽默能力

轻松的工作氛围和环境会让人更容易发挥出自身本领，对于提升工作效率也大有裨益。尤其在一个尴尬的场合，或是工作压力和强度过大的场景中，班组长适当地"幽默一下"会有效舒缓组员的紧张情绪，从而怀着更轻松愉悦的心态投身到工作中。

（13）培养能力

班组长自身优秀并不意味着他所带的班组也是优秀的，除非他是个重视培养组员的班组长。俗话说，"众人拾柴火焰高"，再优秀的班组长，想凭单打独斗做出高于团队的业绩都无异于天方夜谭，毕竟个人的时间和精力有限，所以班组长必须善于培养班组成员，稳步提升全员的整体素质和技能。只有全员的战斗力提高了，班组才会健康、快速地发展，这样的班组长也才是称职的班组长。

（14）创新能力

社会的飞速发展使得生产技术和方法日新月异，随之涌现出大量的新鲜事物，因此班组长必须紧随潮流，闻"新"而动，要不断创新业务技术、改进工作方法、变革管理理念，与时俱进、锐意进取，从而把班组推向新的台阶。

上述14种班组长必备的能力或许不能将质量信得过班组班组长应具备的能力尽表，但具有重要的参考价值。在具体的质量信得过班组建设和管理工作中，班组长可以针对所在领域和所带班组有的放矢，正所谓"技多不压身"，掌握更多的能力只会有百利而无一害。

第二章

练内功，创建质量信得过班组的"六大心法"

创建质量信得过班组需要最大限度地发挥班组每一名成员的潜能，从而形成强有力的集体，为此，班组长要起到带头作用，确保班组"有信念、有愿景"，有效激发班组成员的活力和工作热忱，以高质量的产品和服务满足各方需求。故此，在"练内功"上，班组长要让班组形成合力，为一个统一的目标不断奋斗，规范自己的言行、调控自己的心态、激发自己的潜能。

1. 心法一：敢想敢做，善超越才能变卓越

在创建质量信得过班组的过程中，人的因素始终至关重要。班组所有人必须目标一致，有着共同的渴望，要敢想敢做，有"超越"意识。

人们对自我的超越总是会产生一丝畏惧心理，因为超越自我意味着要深刻剖析之前的自己，要立足于新的起点，朝着更高的目标迈进。在班组中也是如此，不管是班组长还是班组成员，超越自我的第一步就是不能永远停留在现有水平，要在能力、知识和观念上不断前进，要善于打破和重组，继而才能向外界展现出一个全新的自我。

班组成员是一个个"自我"，整个班组也是一个"自我"，当人人都能实现自我超越，整个班组的"超越"便会自然发生。比如班组的学习力、创造力、产出力以及管理能力等，不能实现个人的超越，班组的这一切超越就不可能存在，继而只会裹足不前、画地为牢。

超越意味着打破昔日的成绩，意味着个体必须敢于想象、敢于突破、敢于尝试，这也是走向卓越的第一步。

★☆★☆★☆★☆★☆★☆★☆★☆★☆★☆★☆★☆★

中国石油抚顺石化公司石油三厂分子筛车间有一个闻名全国的先进班组——"王海班"，他是以全国劳动模范王海的名字命名的。这是一个敢于突破、勇于尝试的班组，该班组长总是积极参与公司开展的"献良策、创纪录"活动，几乎每年都会为企业的发展提出新的构想和创意。

该企业曾遇到一个难题：分子筛脱蜡装置工艺操作复杂，操作难度也很大，倘若装置温度控制太高，油品中的烃组分极

易挥发，反之则会因反应不充分而影响油品质量。怎么办呢？王海班准备攻克这个难题。

班组成员开始细心地观察每一次生产调整出现的细微变化，要找出装置运行的规律。由于需要始终紧盯计算机屏幕，所以一个班下来，当值人员的眼睛里尽是血丝，不过没人打算放弃。就这样，历时近一年的摸索与实践，王海班交上了"分子筛工艺控制产品产量、质量、收率三个99%的优化参数"的满意答卷。

在突破自我、追求卓越上，王海班一直勇往直前。他们曾挑战国际先进水平，对当时世界上最先进的分子筛脱蜡装置原控制指标进行适当的调整。经过一个月的试验，他们成功地把抽出塔和抽余塔19板、18板温度从原来的123℃降到了110℃，还使得集油箱中不带或少带抽余油，确保了冲洗液的纯度。

此外，连同脱附剂提塔底温度也控制在了136℃，并在多次试验后令300单元收率提高了两个百分点。而后经由新一轮的技术改进，在此后的一年时间内便为车间增效2000多万元，节省水、电、气等动力指标260万元，并比上一年同期节约了600多万元加工费，真正地创造了奇迹！

★☆★☆★☆★☆★☆★☆★☆★☆★☆★☆★☆★☆★☆★☆★☆★☆

王海班用实际行动证明了只有敢想敢干、敢于超越才能变卓越。没有超越精神、没有敢想敢拼的勇气，就只能在安乐窝里蜷缩身体，自怨自艾，而后把羡慕和赞赏投递到他人身上。

超越是一种意识，更是一种行动，它需要勇气和实力兼备，但首先需要的是一颗不畏难的心，这是推动进步的最强内驱力。试问一个连想都不敢想，缺乏尝试勇气的个体和集体，怎么可能实现超越呢？

要创建质量信得过班组少不了每一名组员的努力，组员的自我超越会在组织中形成"涟漪"，继而影响其他组员的工作节奏，促使他们为了实现班组目标而奋勇向前。

☆★☆★☆★☆★☆★☆★☆★☆★☆★☆★☆★☆★☆★

张真平是个爱动脑筋、喜欢琢磨事的人，这也是他当上班组长的有效助推力。

在担任富翅门大桥A标顶推工段钢筋班班组长后，他们班组遇到的一个大难题便是如何加快顶推施工进度。2019年时，富翅门大桥A标混凝土箱梁顶推施工在全国还属首例，不但对精度要求高，且施工难度巨大，工艺非常复杂。从2018年10月开始，顶推施工的先期施工便遭遇了各种难题，比如其中的钢筋绑扎。要想保证绑扎质量，就得放慢施工节奏，这样就占去了箱梁顶推施工的时间。怎么办呢？

眼看着施工进度缓慢，张真平心急如焚，于是他召开了专门的会议，并把自己的想法说了出来。

他在会上说："以前我在预制厂干过，他们的生产都是模块化的，效率很高。我们节段梁中横梁和腹板钢筋绑扎，是否也可以结合预制厂节段梁的做法，采用模块化施工的方法，给我们的钢筋绑扎搞个模板？"

他说完自己的想法，会上便"炸开了锅"，因为这个办法从来都没有试过，大家都不知道是否可行。就连张真平自己心里也没底，毕竟之前的节段梁中横梁和腹板钢筋绑扎是在节段梁顶推完成后才进行的，钢筋绑扎要在节段梁中由下至上用扎线一根根绑扎，耗费的人工和时间成本巨大，效果却并不尽如人意。

大家七嘴八舌，都有些犹豫。张真平说："这个可以试，照眼下的方法施工，年底任务肯定完不成。"于是，大家决定在一个节段梁上试水。

项目部也随之参与其中，根据模块化生产思路，参考预制厂节段梁的施工方法，拿出了一套详细的施工方案。他们先是用角钢模仿节段梁内部轮廓制作胎具，并参照图纸确定好钢筋定位槽，最后把钢筋逐一放置于钢筋定位槽上，提前做好整体绑扎。绑好后，又用塔吊来吊装钢筋。

最终，结果出来了，竟然出乎意料的好，原本需要4天才能完成横梁和腹板钢筋绑扎，现在只需要一天半就能完成。此时的箱梁顶推已经不能制约钢筋绑扎，顶推与钢筋绑扎同步进行，大大地提升了工作效率。

后来，顶推工程顺利完成了6榀节段梁的施工，张真平也因为出色的表现获得了"最美员工"的称号，这是属于他个人的荣誉，也是整个团队的荣誉。

想与做从来都是并驾齐驱的，不能只想不做，也不能只做不想。班组在走向卓越的过程中，也自然要边想边做——全体组员去想、全体组员去做，人人参与其中、人人争当先锋，这样的班组才是最具战斗力的。

要实现超越就必须敢想敢做，这要求组员自身具备创新意识和能力，通过改变自己的思维方式来改善个人心智模式，从而对待事物的方式也会随之改变，如此便能自然地、敏锐地发现各种问题和矛盾，并提出行之有效的解决方法了。

再则，要善于学习并持续学习，养成在工作中学习、在学习中工作的习惯，把学习与工作有效结合起来，做到"时时新、日日新"，让今日之我超越昨日之我，由此获得长足的进步和成长。

2. 心法二：调控心态，做自己情绪的主人

一个人的心态决定了状态，而状态直接决定结局。好的心态自然带来好状态，在工作中也往往能鼓足干劲，事半功倍，这是积极情绪带来的利好效果。相反，一旦在工作中夹杂负面情绪，把不良心态带到工作中，势必会影响最终结果，原本的好事也会变成坏事。

情绪管理是一门学问，掌握好这门学问能够极大地改善班组的工作氛围，由此会在不知不觉中提升班组工作效率。不同的情绪会带来不同的心理状态。在班组工作中，每个人都有情绪低落或高涨的时候，从某种意义上说，持续的低落或高涨都会让班组工作变得"不正常"。每个班组成员能够调节控制自己的心态，保持情绪的稳定，这也是建设质量信得过班组要重视的一个方面。

★☆★☆★☆★☆★☆★☆★☆★☆★☆★☆★☆★☆★

赵鑫（化名）是某工厂的一名班组长，每天早上在为组员分配工作时都会照例说一句"辛苦了啊，分给你的活儿有点难度"。其实大家心知肚明，每天干的活儿都大同小异，说简单不简单，说难也没多难，可他这句话雷打不动，每天在班前会上都会出现，组员们也都见惯不怪了。

这天，赵鑫因为个人原因心情有些低落，简单地分配完任务就离开了，并没有说那句"口头禅"。这下大家有点"慌了"，毕竟每天都要听组长说那句话，突然他不说了，大家不禁忐忑起来，结果那天的工作做得不如平时。原来，大家在不知不觉间被赵鑫的情绪影响了。

还有一次，赵鑫接到了领导分配下来的一项难度较大的工作，在商谈时与车间领导发生了几句口角，虽然如此，可他还是正常接下了任务，还把最难的部分留给了自己。在落实工作时，他突然发现所有组员都没有因为他与车间领导的几句口角受到影响，还是一如既往地卖力工作。

这件事让赵鑫很有感触，他说："说实在的，员工都是好员工，倒是我这个班组长没有处理好所有事情，偶尔会把一些不良情绪带给大家，大家的情绪受到影响，自然不利于工作。尤其是作为班组长的我们，在看到车间分到的活儿不好干时，既会有情绪又会消极怠工，把活儿直接分配下去，自己则站在一旁指手画脚，这也不行，那也不行，不用怀疑，这种干法肯定得不到好效果。"

案例中的班组长能够反思反省自己的问题，是难能可贵的，他可以认识到自己错在哪儿，便会有针对性地自我改进，从而赢得组员的拥戴。

人的情绪总是带有"传染性"，不管是正面情绪还是负面情绪，都会快速传递给身边人，对他们产生各种影响。因此，每个班组成员必须学会调控心态，把控好自己的情绪，特别是不要让负面情绪主宰自己，避免自己化身为"情绪猛兽"，肆意攻击他人。

在控制负面情绪上，不妨尝试着将其巧妙地过滤或转移，以积极、阳光的情绪来代替它，就有可能把原本要冒头的负能量压制下去，从而使内在的自己与当下的自己"达成和解"，内心也会由此获得安全感和更多积极的能量。

与此情况相反的是，很多人难以解决内心的冲突，也就是说，他们不敢正视自己情绪变坏的根源——自我，是自己的坏情绪影响了周围的一切人与事，或者说，自己的坏情绪不是百分百源于外界。一旦班组成员难以意识到这一点，就会在工作中出现莫名的糟糕情绪，继而会无限地压缩他们的生存空间。

为了确保班组工作的有序进行，班组成员都要学会自我调控心态，做自己情绪的主人。

首先，当出现不良情绪时要学会自我激励，要明白人生总是波澜起伏的，不可能永远顺风顺水，情绪不好时除了找到"致病"源头，也要不断地鼓励自己与悲观情绪做斗争，敢于直面自己内心的情绪缺口。班组工作千头万绪，极易导致人的情绪失控，所以更要保持淡定的心态，迎难而上，届时便会发现事情远没有想象中那么难。

其次，把眼睛放在自己的优点上。个体特质在不同的环境中会呈现出不同的结果，在这方面的工作中显示出的短板，有可能会是另一方面工作的长处。每个班组成员都要善于在情绪不好时想想自己曾经取得的成绩，看到自己的优点和长处，这会极大地缓解内心压力，使心态趋于平和，增加自己面对未来的信心，并不意味着沉湎过去、裹足不前。

再次，就事论事，不波及他人。不少人在工作中会产生不良情绪的一个主要原因，便是容易"拎不清"，总是把很多不相关的事情与导致自己情绪失控的原因混为一谈，从而会让人觉得是外界的一切人和事导致了他的坏情绪，影响自己不说，连同他人也一并被带入了扭曲的心理陷阱之中。归根结底，就在于他们总是无意识地把不良情绪转嫁给他人，到头来连自己可能都弄不明白自己为什么会有那么差的心理状态。

因而，在班组工作中，情绪不良的一方真正要做的是找出导致情绪失控的原因——某个人或某件事，然后就事论事，把问题集中在一个小范围内，这样就能避免"殃及池鱼"，也会更快速地放平心态、恢复理性。

最后，为情绪找到恰当的宣泄口。有时候不良情绪的产生并不那么容易找到"致病因"，它有可能源自多种小情绪的杂糅，所以难以直接找到问题、给出方法。因此，为了不让自己的情绪影响班组工作，不妨私底下用其他方式来舒缓情绪和压力，比如运动、吃美食、短途旅行、休假或是对人倾诉等，这都可以让自己的心情变得更为放松。

总之，情绪是个人的，没理由让他人为此承受你的斥责和愤怒，学会自我调整心态，尝试从不同角度看问题，把坏情绪统统赶走，会更有利于开展班组工作。

3. 心法三：建立愿景，为团队赋能

在质量信得过班组的建设中，少不了愿景的建立。愿景，是由组织领导和成员共同形成的一种具有引导和激励组织未来情景的意象描绘，它着重反映出企业的追求与理想、憧憬与渴望。它也好似企业前行的灯塔，让全体员工在变幻莫测的市场大潮中不至于迷失方向。

通常而言，愿景可以分为三个层次：个人愿景、班组愿景和企业愿景。

个人愿景指的是个人对未来的一种期许；班组愿景则是以个人愿景为依托，比如打造优秀班组、卓越班组等；企业愿景则是全员都要为之持续奋斗的一个伟大目标，比如成为业内一流，为用户提供高质量产品，提升客户满意度等。这三层次的愿景是一个统一体，不可割裂，也由此促使一个组织建立共同愿景，借以产生更强大的能量。

那么，建立共同愿景有什么作用呢？

首先，共同愿景可以引导班组朝着一个既定目标持续奋进，这是共同愿景的导向作用。

其次，在共同愿景之下，所有成员都有了一个高于个人愿景的目标，所以大家会牢牢抱成团，为实现这一目标而发光发热，这是共同愿景的凝聚作用。

再次，成员在共同愿景的鞭策下不会轻言放弃，遇到困难也会迎难而上，充分发挥主动性，由此将产生强大的内驱力和创造力，这是共同愿景的激励作用。

最后，共同愿景是一个"集体性目标"，所以一切行动都要围绕这一目标，当有分歧和矛盾时，共同愿景就会充当"调解员"，让每个成员的不同想法、看法、做法趋于统一，从而融合成共同愿望，让成员放弃个人固有的心智模式，为一个共同的愿望发力、奋进，这是共同愿景的规范作用。

愿景对于一个组织的发展具有极大的引领作用，对班组同样如此。每一名班组成员都应该主动参与到愿景的构思、制订中，这会让愿景更具价值和实际意义。更关键的还在于，通过建立共同愿景和为实现共同愿景而做出的努力，会让整个团队的战斗力持续增强，因为每个人都会拥有主人翁意识，将个人愿景根植于共同愿景之中。

◆★◎★◇★◎★◇★◎★◇★◎★◇★◎★◇★◎★◇★◎★◇★◎★◇★◎★◇★

广州白云空港设备技术发展有限公司机电智控研发班组，是一个自成立以来便始终坚持以创新助力服务、以科技推进安全，敢于攻坚、勇于创新的技术团队，曾连续两年获得股份公司"优秀班组"称号，也是全国质量信得过班组。

在成立之初，班组秉持"智能控制、高效研发、全员创新、人人可行"的理念，以"人文智慧白云，世界一流空港"为愿景，以"安全高效、追求卓越"为建设目标，不断开展各类QC、三人小组等质量管理提升活动。其降低T1航站楼楼宇系统月度灯光调控时间课题，实施后提升了楼宇系统智能控制水平，并以此课题参评南粤之星，荣获活动最高奖项金钻奖。

在共同愿景的作用下，班组成员立足实际，在新冠疫情期间，以民航局提出的"四型"机场建设为目标，很快研发并上线了初代"无接触"呼梯按钮，迅速在机场应用，也由此获得了"CAPSE2020 年度创新服务奖""CAPSE2020 年度优秀创新服务案例"等奖项。毫无疑问，机电智控研发班组用自己的一举一动践行了"人文智慧白云，世界一流空港"的愿景。

★★★★★★★★★★★★★★★★★★★★★★★★★★★★★

伟大的公司都会建立远大的企业愿景，以此作为全员奋斗的总目标。同样，班组有一个更具体，甚至触手可及的美好愿景，会让每一个组员获得巨大的鼓舞，在工作中也会斗志昂扬。因为他们在这个过程中会意识到，奋斗不单单是个人的事，荣誉也不独属于某个人。

可以说，共同愿景是个人和团队学习与行动的指南针，而在了解了共同愿景的作用和效力之后，更要明白怎样建立班组的共同愿景。

（1）认知清晰。企业，尤其是班组，要让组员了解企业、班组和自己的未来会有一个怎样的景象，这种构想越具体，组员就会越发憧憬这种景象，奋斗的动力也会更足，否则愿景模糊，甚至模棱两可，组员的奋斗也会失去方向。

（2）建立个人愿景。个体的差异性决定了每个人的愿景都是不同的，对未来的期许和规划自然千差万别，所以个人愿景也会带有个人特质。不过再多不同的个人愿景，因为集合在一个班组中也会带有趋同性和一致性，简单来说，个人愿景与班组愿景仍会存在很多共性，此时班组只要把个体的个人愿景与班组愿景稍加"融合"，就会形成一个适用于所有成员的共同愿景，而后所有人都会很自然地为了实现这一愿景而持续奋斗。

（3）建立班组愿景。每个成员的个人愿景都如同一块拼图，结合在一起就会组成一幅完整的图像。但这并不意味着班组愿景是单纯的个人愿景组合体，事实上，班组愿景是摘取了个人愿景中的某个部分，而后重新形成了一幅适用于所有个人愿景的图像，每个人都可以在其中找到与自己内心所想相似的那一块。

（4）统一思想。班组所建立的共同愿景从来都不代表班组长的个人意志，班组长要让组员从心底认识到这一点，它既然是共同愿景，当然要代表大家的内心期望，因此班组长可以通过会议、活动等形式，让所有人都参与到愿景的制订和执行之中，以此提升组员对班组共同愿景的认同感。

事实上，班组建立共同愿景的目的，着重要解决的是大家为什么聚在一起、要追求什么，以及如何去追寻的问题，这些问题的解决之道往往在班组成立的那天就已经有了答案。试问一个只追求个人成功、崇尚单打独斗的组员，又怎么能与"为成为质量信得过班组不懈奋斗"的团队真心相融呢？

只有建立共同愿景，个人理想的实现才会有厚重的依托和强大的助推力，而当每个组员都能清楚地明白并理解班组的愿景和目标，才能真正立足于岗位、立足于产品、立足于顾客，成功创建质量信得过班组。

🌿 4. 心法四：沟通有术，构建和谐的工作氛围

提到管理，就绕不开沟通，沟通在管理中的重要性不言而喻。管理的好坏，在一定程度上取决于沟通顺畅与否。沟通顺畅，班组管理就会顺风顺水；反之，管理可能会举步维艰。

良好的沟通是让班组工作和谐、有序开展的一个关键点，所以沟通上必须讲求方式方法，要有技巧性的沟通，从而让班组长与组员、组员与组员之间消除误解、建立互信，以构建和谐的工作氛围。

☆★☆★☆★☆★☆★☆★☆★☆★☆★☆★☆★☆★☆★☆★☆★☆★

　　小岳是班组新来的一名成员。一次在生产现场，正在干活的老赵让小岳递一把扳手过来。小岳想都没想，随手从工具箱掏出一把扳手，"砰"的一声扔到了老赵旁边。老赵看了一眼

小岳，什么也没说，走到工具箱那里找来另一把扳手。

这一切被在现场巡查的班组长张亮看到了，但他什么也没说。第二天早餐时，张亮便故意走到小岳身旁，与他一起吃饭，并开始闲聊。

张亮问道："小岳，来公司已经一个月了吧？怎么样，各方面还适应吗？"

小岳回答："嗯，还好，已经适应了。"

"和同事们相处得还很愉快吧？特别是带你的赵师傅，他很有经验。"

"嗯，都挺好的，赵师傅对我也很好，大家都很照顾我。"

"那就好！昨天我看到你和赵师傅干活的时候，赵师傅让你递给他一把扳手，但你没问他具体要什么样的扳手就直接丢过去一把，'砰'的一声吓了我一跳，我还以为你和他之间发生了什么矛盾。现在听你说你们相处愉快，我就放心了。小岳，你刚来公司不久，各个方面都要虚心地向师傅和同事学习，多学、多看、多问，这样才能快速成长起来。赵师傅为人低调，性格也内向，不过人很善良，技术一流，你要抓住机会好好向他学呀！"

★☆★☆★☆★☆★☆★☆★☆★☆★☆★☆★☆★☆★☆★☆★☆★☆

张亮身为班组长，发现问题后及时采取恰当的方法与组员沟通，不但话里话外指点了初来乍到的新组员，也显示出了自己的沟通技巧，不会让新组员觉得受排挤，这是很值得学习的。

沟通是一门艺术，里面藏着大学问，要想完成一次良好的沟通也并不简单，但这是班组长必须具备的素质之一。班组长要审慎地看待沟通，意识到有技巧的沟通会让自己更顺利地开展工作，也会达到事半功倍的效果。

班组长在与组员进行沟通时，要怀有明确的"目的性"，无论是传达上级命令，还是给出指示，抑或针对某个人提出建议，都要清晰、具

体，这样才能让对方获知沟通信息，继而达成共识。诚然，班组内部的沟通有时候不局限于简单的上传下达，但即便是拉家常式的沟通，班组长内心也要有清晰的框架，这样更容易发现工作中被忽视的细节，以便未雨绸缪。

具体说来，班组长在沟通中要着重注意以下几个方面。

第一，角色平等。班组长与组员因为职位的差别，往往会导致组员心里有一种"畏惧感"，所以也非常在意班组长对自己的态度。班组长要善于模糊这种心理偏差，敞开心扉，真诚地与组员沟通，让组员意识到二者是平等的，不存在孰高孰低。同时要避免总是板着一张脸，那样会莫名地拉开与组员之间的距离。

第二，变通方法。面对不同的组员要有不同的沟通方式，不能一概而论。通过对组员情绪、秉性等的把握，选择恰当的沟通方式，很容易让组员消除戒备心理。比如使用开门见山法、旁敲侧击法、转移注意法等。

第三，充分了解。沟通建立在信任和了解的基础上，这包括正面了解和间接了解。面对面地与组员沟通，班组长可以更直观地获得信息，比如通过内部活动、联欢会或闲聊等方式，都可以对组员有一个基础了解。但正面了解往往会有"遗漏"，毕竟很多人并不会在这种形式的沟通中完全地表现出最真实的自己，此时就需要进行间接了解。

要想间接了解组员，可以通过其他班组成员的评价，或是该成员的朋友，甚至可以是他以前的同事或上级领导等，在适合的时候，这些群体都可以是间接了解组员真实情况的媒介。需要注意的是，班组长选择的人必须诚信可靠，绝不能通过喜欢在背后论人长短或乱嚼舌根的人来了解组员。再则，间接了解组员的信息只是为了多一项参考，由此获得的信息并不能成为做出最后判断的绝对依据。

另外，班组长还可以通过让组员对自己进行评价来了解他们的更多细节。比如，可以让组员写出自己的个人情况，包括特长、爱好、忌讳等，但不必过分强求，只要他们写出大概范围即可，因为越是细致，组员就越会刻意把真实的自己包裹起来，毕竟过细会涉及个人隐私。

第四，给予尊重。沟通是建立在平等基础上的，所以不管组员有怎样的个人习惯、工作习惯，班组长都要给予充分的尊重，只要他们的习惯对工作不会产生不利影响，就绝不能因为自己"看不过眼"而强加阻拦，令其改变。适度认同组员，也有利于构建更和谐的班组关系。

尊重还体现在班组长的姿态上，即班组长切忌傲慢自负，在与组员沟通时不要摆出一副居高临下的姿态，即便组员对一项计划或倡导提出异议，班组长也不应觉得自己是完美无缺的，而对他人的建议完全不予考虑。此外，也不能随意发号施令，如果传达任何指令时都是教训和命令的口吻，会引起组员心理上极大的排斥，原本可能是一项好提议，但很可能因为班组长不尊重人的态度而不能很好地落实下去，得不偿失。

第五，满足需求。组员也有表达自我的需求，班组长要给予满足，可以建立一种沟通通道、表达空间，比如信箱等形式，让组员可以自由地把自己的需求表达出来，而后班组长定期将这些需求汇总、筛选、回复。

对于组员提出的合理需求，班组长在综合考虑并多方听取意见后可以给予满足，但不合理的需求在不予满足的同时，也要告知组员被拒绝的原因，以免组员心里产生被敷衍蒙骗的感觉，以致会失去信任感。所以，要让组员感觉到自己的提议被重视，最终无论需求是否被满足，他们也都不会产生太大的心理落差。

不难看出，班组沟通需要沟通双方投入极大的热情，如此才能产生共鸣，倘若自说自话，没有语言和思想交集，这样的沟通是毫无意义的。更关键的还在于，沟通掺杂着很多容易被忽略的因素，除了上述提到的几点，班组长在与组员沟通时要格外留意谈心的步骤，以下流程可做参考。

✿★✿★✿★✿★✿★✿★✿★✿★✿★✿★✿★✿★●

第一步，开门见山：班组长可以直接道明这次交谈的主要目的。

第二步，说出谈话目的：班组长要把自己的担心和害怕出现的问题直接表达出来。

第三步，告诉组员自己所知内容：班组长可以把自己看到的、听到的事情告诉组员。

第四步，告知后果：如果组员做了某件不利于班组的事情，班组长要明确告诉他这样做或继续这样做将产生的直接后果。

第五步，告知看法：班组长要把自己对组员的行为的看法明确表达出来，比如支持、赞扬或反对、批评。

第六步，鼓励组员：班组长要鼓励组员对于沟通的问题发表自己的看法，从而了解他们的内心所想。

第七步，多提疑问：班组长可试着从多角度针对问题提出疑问，以刺激组员也从多角度进行思考。

第八步，制订措施：当双方完成沟通后，班组长要制订有效措施，避免组员在以后的工作中再次出现此次沟通的问题。同时给出选择方向，让组员设想改变方式会带来什么样的后果等，至此便达到了沟通目的。

★✿★✿★✿★✿★✿★✿★✿★✿★✿★✿★✿★✿

同样，针对不同的组员和沟通问题，所采取的沟通方式也要灵活多变，班组长要侧重于达成怎样的沟通结果，至于方式方法，就需要在实践中多思索、多总结，以便找到最佳的沟通策略，实现沟通效果最大化。

5. 心法五：善于创造，从问题中找到价值

创造力在建设质量信得过班组过程中也是不可或缺的一种能力，一个缺乏创造力的班组是没有竞争力的，正如诗人阿诺德所说："创造力的运用、自由的创造活动，是人的真正的功能；人在创造中找到他的真正幸福，证明了这一点。"那么，一个班组的创造力表现在什么方面呢？

显而易见，班组的创造力着重表现在开发新产品、通过攻克难题形成新理论或产生新技术、改进经验以发明新设备，等等。创造力，让整个班组都更具探索精神，以及对事物抱有更敏锐的观察力，从而洞悉物与物、事与事之间的微妙关联，以创造出更大的价值。

代旭升是一个只有初中学历的工人发明家，可谓胜利油田的"金字招牌"，他的发明已经为油田创造出1亿元的价值。他是山东省"富民兴鲁奖章"获得者、山东省首席技师、胜利油田采油技能大师，还荣获了全国技术能手的称号……

最初，代旭升只是胜利油田的一名采油学徒，但他是个善于发现问题，并愿意从问题中寻突破、找方法的人，所以才一步步走上了"发明家"之路。提起代旭升，一位职工这样说："代老师没有三头六臂，也没有火眼金睛，他几乎把所有的业余时间都用到了学习和技术攻关上。"这就能解释为什么一个初中学历的采油工人，脑子里会迸发出那么多灵感了。

在节能减排上，代旭升曾发明出一款机器，他介绍说："我们在开采石油的同时，也在消耗着能源，节能减排是油田

义不容辞的责任。我最近设计发明的这款活板直拖式抽油机，就可以更好地节约能源。"

代旭升是个"逢山开路、遇水搭桥"的人，这也是他个人创造力的源泉。他知道，生产过程中每遇到一个难题，就意味着出现了一次革新机会。当油田进入开发期后，不少油井因地质和井筒等影响不能正常生产，需要报废。代旭升见此情况，便提出了"提捞法"，同时改造发明出自动泄压式凡尔抽子和自热式配重器，这一发明既使得面临报废的油井发挥出了效用，也填补了国内"四次采油"工作空白。通过他的发明创造，在三年之中共计捞油 2300 多吨。在代旭升看来，不管工作中有多大的难题，通过革新改进和发明创造都会解决并创造出巨大价值。

在油田开发行业，传统的采油计量站和集油管线发生故障放空时，采用的惯常方法是把管线内的液体放置于露天污油地，这不但造成极大的污染，也会使得产量流失。为此，代旭升又成功研发出集原油回收、除砂、防火、防盗等多项功能于一体的"计量站玻璃钢污油储存罐"，在油田行业实现了文明采油的里程碑式的突破。

善于创造的代旭升，先后自主完成 80 多项技术革新，其中 13 项荣获国家实用新型专利，1 项申报国家发明专利，1 项获得国家技术成果奖，60 项获得胜利油田、东辛采油厂（胜利油田发祥地）革新成果奖。

★·★·★·★·★·★·★·★·★·★·★·★·★·★·★·★·★·★·★·★

代旭升只是一个拥有初中学历的工人，却凭借着无限的创造力做出了令人惊叹的成绩，实在令人万分钦佩。在班组工作中，全体成员都要发挥出代旭升式精神，正确地看待每一个问题，把问题当成鞭策自己的动力，从而为班组创造出辉煌的成绩。

创造力，通常表现在善于运用侧向思维方法和求异性思维方法，可以借由一个概念取代多个概念的统摄思维能力，以及具有想象、联想和形象思维的能力，持续产生较新、较深刻的思想和观点。不管是班组长还是组员，都是班组的一分子，所以每一个人提升创造力，也就是整个班组在提升战斗力。那么，具体说来，要如何让班组更具创造力呢？

第一，在知识、技能和思维能力上加强培训，从而让整个班组成员都具备进行创造的能力基础。

第二，班组成员要结合具体的工作大胆创新，锐意进取，不要让规矩和经验困住自己，要具备创新意识，努力在产品、设备和生产技术等方面推陈出新，以推出新产品、新设备和新技术等。

第三，强化团队协作能力，共同为创新献计献策。正所谓"一个篱笆三个桩"，群众的智慧是无穷无尽的，个人的才能只是沧海一粟。所以，一个班组必须牢牢抱成团，这是实现更大、更强创造力的厚重基础。

在提升创造力上，要遵循"精一门、会两门、通三门"的流程。个人能力的提升自然是先决条件，此谓"精一门"。具体来说，在班组中，组员首先要立足于岗位，做好自己的分内事，达到精通的程度，由此才有机会"会两门"，即在精通的基础上延伸自己所触碰的领域，触类旁通。紧接着，"通三门"也就成了自然而然的了，此时的组员会意识到自己更容易对某一问题产生多角度的看法和思考，解决方式也与以往大不相同。

归根结底，班组的创造力要以善于解决问题为衡量标准，若不能解决问题，也就无所谓创造力；反过来说，真正具备创造力的班组，必然会致力于解决问题，从问题中挖出巨大的价值。

☆★☆★☆★☆★☆★☆★☆★☆★☆★☆★☆★☆★☆★☆★

河北燕阳特种纺织品有限公司是一家专业生产聚氨酯系列军民两用软质装备的高新技术企业，曾先后获得国家科技进步奖3项、北京市发明专利三等奖1项，更连续获得解放军总后勤部"十五""十一五"全军后勤重大科技成果奖。

最初，油管车间挤出班组承担着该公司的主要生产任务，该班组有正副班组长各1名、组员18名，是公司投产后最早成立的班组，也是最先创造价值的生产班组。

在班组成型之前，成员不多，组建之初就迎来了一个大挑战——公司接下了大口径输液管的国外新订单，订单交货时间紧，对软管质量和长度的要求也非常高，单根米数要保证一根100米，整根软管有一处不合格就会直接作废。一时间，羽翼未丰的挤出班组迎来了巨大的挑战。

班组长马上召开了紧急生产会议，对具体的生产进行细致安排，并组织全员共同商讨还没有解决的技术难点和设备问题，大家各抒己见，建言献策。挤出班组的组员平均年龄只有25岁左右，但面对巨大的压力，他们却表现得斗志昂扬，充满了干劲儿。

在经过三天三夜加班加点的反复试验后，挤出班组生产线终于可以开工了，最终，他们不但及时交付了达标产品，更创造出12寸大口径输液管近1万米无渗漏、下机合格率为百分百的产品，创造了生产纪录。对此，客户和公司领导都给予了挤出班组高度的评价。这支年轻的队伍虽然经验少，可他们敢于挑战，在工作中善于开动脑筋、积极创造，非常难得。

随着时间的推移，创造性地解决问题已经成了挤出班组的鲜明特质。一次，他们又遇到了生产软管方面的新问题。由于软管是一次挤出，两面成型的工艺，工作原理是借助挤出机，通过组合模具把聚氨酯一次热涂覆在纤维织物增强层上，并形成软管的内外胶层，内外胶层都是热涂覆层，没有内衬膜。

每次开工一段时间后停工，待再次开工后，模芯无法独立升温，温度降低，软管内部较难进料。对此，传统方法是通过汽油喷灯烧模芯，可这会造成环境污染和模芯温度局部过高而致变形，同时难以准确把控温度，从而造成模芯内的粒子因过分受热产生煳料滞留，影响产品质量。

针对这一问题，全组成员再次聚在一起商讨，并查询了大量相关资料，最终根据最初的设想且与厂家反复沟通后订做了模芯加热装备，成功地解决了这个大难题，既提升了成品率，也达成了绿色高效生产的目标。

★★☆★★☆★★☆★★☆★★☆★★☆★★☆★★☆★★

众人拾柴火焰高。从案例中的挤出班组的作为看，他们既是个善于创造的团队，也是个能够齐心协力、共同为克服一个难题全员上阵的队伍，他们真正地做到了把问题当成创造价值的媒介，从不畏惧，从不放弃，始终迎难而上。

对班组而言，形成合力是创造更大业绩、谋求更大发展的基础，而无尽的创造力更为此提供了取之不竭的动力。所以，加强团队协作，把创造力融入工作中的点点滴滴，合力攻关，是在新形势下班组发展的一个必要条件，也是建设质量信得过班组的一个关键点。

6. 心法六：诚信至上，打造值得信赖的优佳班组

在质量信得过班组的建设过程中，诚信守诺也是重要的一个方面。也许有人会提出疑问：班组建设与诚信有何关系呢？事实上，二者关系十分密切。

诚信，即守诺、践约、无欺，这是为人之本，也是一个企业在市场上长治久安的根基。所以，作为企业最小细胞的班组，也必然要以诚信为先。在当前构建和谐社会的大环境下，诚信守诺尤为重要，因此班组进行诚信管理便是其中一个关键点，关乎着企业的生存与发展。如果班组不讲诚信，不守承诺，必然会破坏企业在市场上的形象和口碑。

诚信对于一个企业来说至关重要，对于质量信得过班组的建设更是如此。古人云："人无信不立。"而班组的诚信建设与管理对于企业的意义同样不言而喻。

☆☆★☆★☆★☆★☆★☆★☆★☆★☆★☆★☆★☆★☆★☆★☆★

某集团公司工会开展了一次班组建设主题实践活动，还为此专门下发了名为"关于开展'建设诚信班组、争当精细化标兵'主题实践活动的实施意见"，该意见要求以班组诚信文化建设为方向，致力于提升班组执行力和工作效率，进一步夯实企业诚信建设基础。

为此，集团公司工会把班组诚信文化建设和诚信实践活动作为班组基础管理和竞赛活动考核的一个主要内容，决定在公司系统开展班组诚信建设主题实践活动，具体活动如下。

首先，开展《班组诚信自律责任书》签订活动。该责任书对五个方面的内容进行了规范，包括对上级讲诚信、对社会讲诚信、对客户讲诚信、对家庭讲诚信、对员工讲诚信，同时要求各部门把"责任书"纳入绩效考核范围之内。

其次，开展"人人讲诚信大讨论"活动，通过班组会、读书会、例会等形式贯彻集团公司党委工作部署，统一思想，促进工作稳定、有序开展。同时，大力宣传、树立精细化标杆班组，发挥标杆班组的示范导向作用，加强班组成员的诚信意识。

最后，开展"诚信文化实践"活动，比如建立"诚信文化实践档案"，把班组开展诚信实践活动的时间、地点、内容等逐一记录，并在服务行为、遵章守纪、重点工作完成情况等方面进行诚信等级评定。

此外，还将诚信教育纳入了组员的各类培训中，增加了诚信学习内容，强化了诚信教育效果，最终提升了全员的诚信意识。

★☆★☆★☆★☆★☆★☆★☆★☆★☆★☆★☆★☆★☆★☆★☆★☆

不难看出，该集团公司的诚信建设实践活动十分全面，且能有效落地，让全员共同参与诚信活动的每一项内容，这不但有利于全员具备诚信观念，以诚信守诺的态度和方式对待客户及其他相关方，更有利于企业自身形成浓浓的诚信经营风气，对于提升企业凝聚力、竞争力大有裨益。

诚信管理涉及班组建设的方方面面，班组成员在日常班组工作中应该时时扪心自问，自己在工作中是否做到了诚信。不管是对班组内部的各个相关方、客户，还是对消费者，都要做到以诚待之，才会打造出一支无坚不摧的质量信得过班组。

班组长在班组诚信建设与管理中，也要率先垂范，以身作则，带头讲诚信、重信誉，如此自上而下、由内而外地把诚信因子注入全员的身心之中，同时结合员工岗位责任制，逐步形成一种"质量诚信文化氛围"，从而一面保证产品质量，一面能让客户对产品满意。

★☆★☆★☆★☆★☆★☆★☆★☆★☆★☆★☆★☆★☆★☆

在航空工业郑飞集团，班组工作完成率达100%，质量考核合格率、产品/服务一次合格率提升40%的班组也不在少数，这有赖于集团开展的质量诚信活动。

在郑飞集团，各班组严格要求建立质量诚信班组提交记录，其中详细记录着产品/零组件交付状态，不合格产品/零组件记录实测数据等，这些都会被及时反馈到质量诚信班组考核中，最终纳入班组诚信交付档案管理，通过这一系列行之有效的管理，可以不断健全质量基础数据。

同时，集团每个月都会对质量诚信班组交付的数据做统计汇总，包括诚信交付率、一次交检合格率、班组质量诚信目标完成情况等，并会公示结果，按内部考核办法进行考核。

此外，还编制了《诚信班组活动报告单》，对组员发现的质量问题、技术文件问题做季度汇总和奖励，调动全员发现问题、改进问题的积极性。

各个班组内部还会通过晨报、看板和自主学习等方式开展质量诚信文化教育，通过建立规章制度，定期检查评比等促使组员树立质量诚信意识，养成"一次做好"重视质量的好习惯，最终在产品生产加工过程中融入质量诚信。

★★★★★★★★★★★★★★★★★★★★★★★★★★★★★★★

诚信守诺是质量信得过班组建设的一个基本理念，越是基础越重要，因为"万丈高楼平地起"，只有打下深厚、扎实的根基，班组和企业的高楼大厦才会建得更高、更稳。

第三章

定制度，用约束力提升班组竞争力

无规矩不成方圆，规章制度存在的意义就是为了形成规矩，以约束人的行为。班组制订的各种规章制度也自然是为了约束班组成员，让他们在工作中的每一个举动都"有据可依""有章可循"，如此才能整齐划一，让所有人朝着同一个目标奋进。制度的制订要以公平、规范为原则，且要落到实处，"只上墙、不上心"的制度只是口号，没有任何约束效力，也自然难以凝聚人心，无法产生积极的力量。因而，制度必须全面、简单、规范、有效。

1. 制度越规范，管理越有效

　　制度是班组管理的基石，善用制度管理团队，会带来事半功倍的效果。在现实中，有一些班组便吃了缺乏制度的亏，从班组到成员，原本个个都能独当一面，可集合起来组成班组后，反倒成了一盘散沙，这是什么原因造成的呢？无非是没有健全的制度，更具体地说，拟订的制度不够规范，起不到真正的管理和约束作用，更多地表现为"人治"，凡事全凭一张嘴。试问：如此又怎能让班组合为一体，提升凝聚力、战斗力呢？

　　制订制度的重要性不言而喻，而制度的规范性更是重中之重。一般来说，制度越规范，就越能起到以下几点作用。

作用一：引导与教育

　　规范的制度如同集体内全员必须恪守的标准，会为全员在生产过程中指明方向，这种正面引导会极大地避免组员犯错，因为制度已经足够明确，组员可以明晰自己的权利和义务，如此就不易"越界踩线"。此外，规范的制度还会引导和教育组员主动自我约束，确保他们可以通过制度来预测自己的行为和努力的后果。

作用二：警戒与震慑

　　规范的制度会向组员表明违反后会承担什么样的后果，这样会对组员产生直观的震慑作用，他们会更加清楚"做了什么会导致什么，从而自己要承担什么"这一连锁反应，也就会自觉地遵规守矩。同时，当有同事违反制度受到惩罚后，他们也会从中吸取教训，这等于有了

"实例"。

作用三：预防与处理争议

这里的预防主要是指企业在聘用员工后，在制度中要明确规定双方应履行的义务及享有的权利，如此便能在发生劳资纠纷时有具体参照和依循。

不难看出，制度越规范，越具体到细节，其管理效应就越强，对组员的约束力也越强，组员由此也会产生更明确的标准，甚至不用班组长一再地重申和强调，他们便会自觉地遵从各项制度规定了。

★☆★☆★☆★☆★☆★☆★☆★☆★☆★☆★☆★☆★☆★

某能源公司班组长于某，是一个非常重视制度管理的班组长。他根据企业的经营方针，结合本班组的具体情况，制订了各种具体制度，牢牢地把班组成员的思想和行为连接在一起。

于某在班组里建起的制度包括：模范制度、竞赛制度、核算制度、座谈制度和合理化建议制度。

模范制度。在班组里选出素质高、业务强且善于助人的组员，把他们树立为班组里的榜样、楷模，之后用他们的言行鼓励和影响其他成员，由此带动全员争当模范。

竞赛制度。顾名思义，在班组中开展小范围的竞赛活动，有效利用年轻人的好胜心理，让他们在各种业务比拼中争先争优，从而获得更多的认同感。同时，这也会让那些内心产生"自豪感"的组员主动帮助落后组员，最终形成互帮互助、团结友爱的和谐局面，并提升全员的业务水平。

核算制度。班组虽然只是企业的一个"细胞"，是不折不扣的小组织，但也要"五脏俱全"，所以核算制度不可或缺。班组核算包括各种费用的成本核算，做好各类费用的台账建立和管理，这有助于增强组员的经营意识和成本意识。久而久之，组员也会养成自觉节约、降低成本的好习惯。

座谈制度。座谈，即大家畅所欲言，各抒己见，在班组内形成有效的互动与沟通，让组员可以自由地把内心真实的看法和意见表达出来，从而对班组也会产生更大的忠诚度。

合理化建议制度。顾名思义，就是鼓励组员把脑海中的点子、创意毫不保留地贡献出来，多去搞小改革、小发明、小创造，为班组的发展和企业的发展献计献策。同时，可以对提出改革、发明、创造的组员给予相应的物质奖励，如此有了示范效应，就会带动其他组员加入其中，共谋发展。

于某的这些举措很好地调动了班组成员的积极性，大家在各项具体制度之下也都能更好地履职，避免了偷奸耍滑或不公平的情况，实现了班组管理秩序井然和提升效益的根本目的。

★☆★☆★☆★☆★☆★☆★☆★☆★☆★☆★☆★☆★☆★★

制度越规范，班组管理就会越发简单透明，"有规矩才有方圆"的原则也才能更好地落实到位。有的组员认为，制度无非是条条款款，是为了处罚组员而存在的。可实际上，健全的制度会让班组管理处处有章可循，管理也会变得越发完善，对组员带来的益处也是不言而喻的。

在规范的制度之下，组员的一举一动都有了标准参考，可以更明确自己如何做才能达到标准，有利于对自我开展有针对性的培训。制度并非单纯的管制，它是为了让班组成员做事更高效，杜绝"踢皮球"的管理乱象，更是确保组织有序运转的保障。

规范的制度也会让班组成员的行动更加准确，以其为基准线，班组任务和安全生产都将有一个坚实的基础。

★☆★☆★☆★☆★☆★☆★☆★☆★☆★☆★☆★☆★

班组长陆云华（化名）是一名普通的班组长，虽然当上班组长的时间不长，可他十分重视班组制度的建设和规范性。他深知，班组制度是否简单有效，在一定程度上决定了班组业绩。而越精细化的制度，就越具有约束力，因为它就像一个"不会说话的监督员"，会让组员自觉地按照规矩做事。

为此，陆云华编写出了一套提升班组焊接质量和效率的工作规范，其中主要有以下三条。

第一条：实名制。规范中规定，不管是埋弧焊、手把焊还是组对点焊，操作人员都必须在相应的记录上留下自己的名字，以便出现问题后快速找到责任人，同时也能激励操作人员提升业务技能。

第二条：质量与效益相连。这一规范中的条款十分简明：质量好就奖励，不好则处罚。

第三条："三自""四不"。这是陆云华对组员提出的明确要求，"三不"即自我发现、自我解决、自我提升；"四不"则是不接受缺陷、不制造缺陷、不隐瞒缺陷、不传递缺陷。

在这三条规范的约束下，陆云华所带领的班组生产的产品质优量足，连续在公司的年度评选中荣获"优秀班组"的称号。

★☆★☆★☆★☆★☆★☆★☆★☆★☆★☆★☆★☆★☆★☆★☆★☆

制度到位，班组秩序便会井井有条，这样的班组也自然会有更强的凝聚力和战斗力。这里的到位，便体现在班组管理中的各个方面。简单来说，班组制度要让组员可以"拿来即用，用即有效"，如此才会促使大家心往一处想、劲往一处使，整齐划一、井然有序。

任何一个组织，无论大小都必须有一套完备的制度，这是确保组织和团队正常运行的关键。倘若没有制度，或制度不够规范化，在生产、组织以及人员管理等方面就容易出现各种问题，致使管理混乱，一切都不能有序进行。所以，班组长要立足于岗位、立足于企业的经营总方针，来制定切实可行且简单有效的制度，集健全、合理、可操作性等于一身，为班组的正规化管理夯实基础。

🌿 2. 适度处罚，制度要有威慑力

古语云："天下之事，不难于立法，而难于法之必行；不难于听言，而难于言之必效。"制度的制订或许并不难，但在落实的时候是否能收到预期效果，便是一个普遍存在于班组管理中的难题了。

有些企业制订了各种各样的制度，并把很多条款粘贴在走廊的墙壁上、办公室里等，寄希望于用这些制度来约束员工的言行举止，可在具体工作中，这些制度却没能起到更多的实际效用。归根结底，原因在于这些制度"止步于墙"，失去了应有的威慑力。

"制度如火炉，触碰必烫伤"，这本应是制度的天然属性，但是有些班组，乃至于企业，并没有把制度的"火炉效应"更好地发挥出来，使不少人依然抱有侥幸心理，觉得人非圣贤，不可能不犯错，偶尔违反制度并不会造成多少损失，殊不知这种错误认知往往会造成巨大的安全隐患，甚至对他人造成人身伤害。

☆★☆★☆★☆★☆★☆★☆★☆★☆★☆★☆★☆

苏州一家化工厂工段操作员霍某，是一个平日里比较懒散的人，常常视制度于无物，迟到、早退的现象时有发生。班组长曾多次找霍某谈话，但考虑到他本人操作技能纯熟，可以完成不少同事完不成的工作，班组长也只好"睁一只眼闭一只眼"，只要霍某在工作中不犯什么大错，也就随他去了。

习惯成自然，没有了班组长和制度的约束，霍某更是变本加厉，在工作中时不时地也会有疏漏，造成了非常恶劣的影响。一次，霍某不顾车间制度规范，在生产过程中没有放置冷

水、准确计算原料的用量，也没有检查阀门开关，导致一个氯气桶浆液外泄，很快飘出了强烈的刺激性气味。不一会儿，便造成了现场环境的严重污染，使得车间内很多人氯气中毒，庆幸的是没有组员发生生命危险。

事发后，班组长马上召开全组会议，在会上再次重申了各种制度规范，对霍某给予严重处分和现金处罚，同时连续扣除2个月奖金，并言明如有再犯，直接开除。此外，厂里也对班组长及霍某进行了通报批评，算是"杀一儆百"。

有了霍某这次事件，厂里其他班组长也都再也不敢把制度当儿戏，在班组管理上也一再重申和强调遵规守纪的重要性。

★★★★★★★★★★★★★★★★★★★★★★★★★★★★★★★★★★

制度的约束力通常需要与处罚连接在一起，这会极大地杜绝组员在工作中把制度当成"空气"，会提升制度的威慑力。

虽然制度存在的目的不是处罚，可适度的处罚却是确保制度产生效力的必要手段。俗话说"慈不掌兵，义不掌财"，在班组管理中最忌讳感情用事，这会为徇私枉法埋下祸根。就像案例中的那位班组长一样，如果平日里对霍某严格要求，让其改掉懒散的毛病，凡事遵从制度行事，就不会有后来车间人员中毒的事情发生。所以，作为管理者切勿把对某个或几个员工的"网开一面"当成小事，通常就是一件小事日后会惹来大祸。

众所周知，在心理学上有一个著名的"破窗效应"，即倘若有人打破了一栋建筑物上的一块玻璃，且没有人及时更换玻璃，其他人就会像是受到某种暗示一样，去打破更多的玻璃。根据这一现象便可得出一个道理：任何不良现象都在传递一种信息，这种信息又反过来导致这种现象无限扩展。

将这一效应用在制度上也恰好能说明核心问题，即当有一个人不遵

从制度，随意违反甚至破坏时，就会有更多人轻视制度、无视制度，用不了多久，该组织便会出现管理混乱、人人各自为政的局面。

在制度制订的同时要辅以适当的惩罚机制，无论是谁，无论对组织做出过多大贡献，都要一视同仁，不能因为某些理由为某人开绿灯，该惩的惩，该罚的罚，这样才能保证并提升制度的威慑力。

在班组管理中，班组长手段必须"硬"，要充分地发挥出制度的"火炉效应"，让那些胆敢挑战制度的人"挨烫""受伤"，如此才能为其他人敲响警钟，也会让违反者"长记性"。

具体来说，惩罚的手段通常有四种：口头警告、书面警告、暂时停职和解聘。

口头警告：需要给予口头警告时，证明组员所犯的错并不大，几乎不会造成财产或其他具体损失，不过毕竟违反了制度，犯了错，班组长要明确告知犯错的原因，以及不及时纠错有可能造成的后果。一般来说，恰当的口头警告会有效防止组员犯下更大的错误，也会让他们自我修正，对制度产生敬畏心。

书面警告：口头警告是为了让组员产生一定的警惕性，意识到自己的某些举动有违反制度规定的嫌疑，若组员在接下来的工作中有改善，表明口头警告起到了一定的威慑效果；相反，如果组员依然我行我素，不思悔改，班组长就必须施以更严厉的处罚——书面警告。

书面警告会写入组员的个人档案中，它比口头警告产生的威慑性更强，也会让组员更加重视。值得一提的是，书面警告仍然可以通过组员的个人表现来"消除"，即当班组长发现组员在被书面警告之后的一段时间内没有进一步的违纪问题时，可以将档案中的书面警告删除，算是给了组员"二次机会"。

暂时停职：接受这种处罚的组员明显触犯了制度中一再强调的不允许触犯的某一项或多项规定，在前两种警告均达不到警示作用的情况下，班组长要对组员施以暂时停职，即无薪停职的处罚。需要指出的是，有些违纪性质十分严重的组员，要直接跳过前面两类警告，直接进行暂时停职的处罚。待组员自身真正意识到了错误，且有意继续在企业工作时，可以考虑恢复职务。

解聘：这种处罚最为严厉，针对的是那些扰乱部门正常运行，给企业造成了不可挽回损失的组员。被施以这种处罚的组员，或许本身对企业缺乏足够的认同，与企业的发展脉络相抵，不适合继续留在企业。

在班组管理中，处罚从来都不是目的，却是必不可少的手段。班组长要善用处罚机制，维护制度的权威性和威慑力，让每一名组员都真正地意识到"制度如火炉"，绝不可轻易触碰，若有违反，到头来受伤的只能是自己。

✿ 3. 执行到位，落地的制度最有效

制订制度很关键，但执行制度更关键。制订了制度却不能有效执行，或者说执行不到位，远比没有制度更可怕。在班组管理中，在强调"火炉效应"的同时，更要严抓制度执行情况，毕竟班组管理的最终目的是让制度"说话"，起到提醒和监督的作用，若不能严格执行制度，制度就会形同虚设，成为一纸空文。

☆★☆★☆★☆★☆★☆★☆★☆★☆★☆★☆★☆★☆★☆★☆★

某企业一位领导曾制订了一项制度：开会期间，任何人都不允许接打电话，不过这项制度似乎仅仅停留在了领导的嘴边，根本没有落实到位。在开会期间，不少班组长或其他部门的负责人依旧频频接打电话，不是说"这个电话是客户打来

的，非常重要”，就是说“王总要和我谈一谈签约问题”等，总之，他们总会有让人听起来无法拒绝的理由。

一次，又是这位领导主持会议，他提来一桶水放在会议室，并说：“从现在开始，以后凡是在会议期间接打电话或发信息的人，一律将自己的手机扔进这桶水中。”话音刚落，他自己的手机便响了起来。他掏出电话看了看，一言不发地将自己的手机丢进了水桶中。不一会儿，一位班组长的手机响了，他马上走过去拿起班组长的手机，也丢进了水桶中。

领导的举动“镇”住了在场的所有部门负责人，他们也开始重视起不能接打电话这条规定。打那以后，再也没人在开会期间接打电话了。

★☆★☆★☆★☆★☆★☆★☆★☆★☆★☆★☆★☆★☆★☆★☆

我们在此无意探讨这位领导的做法恰当与否，但通过他的“以身作则”也可以看出，遵守制度，一次把制度执行到位，远比无数次地重申和强调更有意义、更有效果。

制度的精髓在于执行，不然很容易出现各种问题。特别是班组工作非常细碎，就需要班组长扮演好制度的维护者和执行者的角色，真正地让每一项制度都能发挥出它的效力，契合制定它的初衷，否则徒有形式，没有实效，再花哨的制度都没有任何价值。

在班组工作中还常常会出现这样一种情况，当组织内部的成员随着时间的推移，彼此间建立起更为熟络的关系后，便会在制度执行上大打折扣，比如在岗期间，违反规定私自换岗，由此造成了不必要的麻烦，甚至是造成损失。因此，无论在职年限长短，班组成员都必须遵守各项制度的规定，绝不能让熟络成为违反制度的理由。

★☆★☆★☆★☆★☆★☆★☆★☆★☆★☆★☆★☆★☆★☆★☆

班组成员小赵主要负责材料仓库一区的工作。一次，因为个人家中有事，不得不请假回家，但并没有说明暂不返回单位工作，只是在离开时把仓库办公室钥匙交给了平时与自己关系相熟的组长。组长接到钥匙后也没有过多询问，全然忘记了小赵并没有交接材料库存数量和进出材料账目单以及电脑记录清单。

小赵离岗之后不久，单位需要拿取相关材料，但打开资料柜后，发现没有任何台账。联系到小赵后，小赵表示所有资料都锁在了柜子里。问他存储的电子版资料时，他说电子资料都存在电脑里，不过其他组员怎么也找不到。

此时，那位与小赵相熟的班组长也显得十分被动，毕竟他与小赵做了简单的交接，可这场所谓的交接只有一把钥匙，其他有关工作的材料单据等均一塌糊涂。小赵"一走了之"，那位班组长却因为工作失职，未能依章办事而被记了大过。同时，后续的班组工作也因为没有台账资料而严重受阻。

★☆★☆★☆★☆★☆★☆★☆★☆★☆★☆★☆★☆★☆★☆★☆★☆

在制度面前，有时候"人性化"显得苍白无力。管理工作不是不能讲人情、谈情谊，不过这些都必须建立在遵从制度的前提下，抛开制度只讲人情、情面，最终吃亏的只有自己。案例中的班组长因为自己与小赵的关系而无视了制度的严肃性、权威性，理应受到惩罚，这也从侧面反映出执行制度的重要性。

要想有序开展班组工作，确保队伍的战斗力，就一定要有铁的纪律、严格的制度，且要将其贯彻落实到位，这是每一名班组成员最基本的道德，也是一个组织更好地生存和发展的先决条件。

制度的执行和落实的过程，也是其功能更好地发挥并产生相应效果的过程，班组长必须重视细化落实制度，保证各项制度在对应的地方获得实效。制度落实不力，会对班组及企业造成极大的伤害，在这个层面来看，一个组织在市场上是否具有竞争优势，与其内部制度的落实情况有直接的关系。打个比方，上级布置一项任务，但任务不能快速落地，就自然无法创造效益，归根结底，造成这种任务落空的实质便是没有把对应任务的制度落到实处，长此以往，空有任务却没有实际收益，又怎么能有竞争力呢？

从这个角度看，制度或许并不需要冗长复杂，甚至可以适当地"粗枝大叶"，关键在于制定的每一项制度都能确保顺利、无碍地执行到位，让制度产生应有的效力，这样才会发挥出制度最大的能量。

🌱 4. 把制度放心头，严防一切"作假"行为

班组工作中有很多细碎的事情，也因为是小事、琐事而常常为组员所忽视，于是我们常常可以看到这样一种情况：有些组员不顾制度规定，屡屡做出违规举动，或是弄虚作假，只为了"面子"上好看。造成这种现象的一个主要原因，就是制度没能发挥出应有的效力和权威性，同时在制度管理上也没能做到细化和深入，继而产生了漏洞。

有鉴于此，在组建质量信得过班组的过程中，班组切记不要忘了为制度加把锁，由此才可能照顾到每一个细节，做好每一件小事，也能杜绝"作假"行为的发生。

☆★☆★☆★☆★☆★☆★☆★☆★☆★☆★☆★☆★☆★☆★

某知名啤酒厂质检组组长魏晓华（化名），是一个在工作中细致认真、勤勉务实的人，她从不允许自己做任何有损班组和企业声誉的事情，更以此来严格要求所带班组。一天，她照例在生产车间巡视时发现有一台机器运转速度失常，但操作员小鲁还在正常操作着。凭借着多年的经验和直觉，魏晓华肯定这台机器有问题，必须停机检查，否则很可能生产出质量不合格产品。

魏晓华马上联系维修人员，并下令停机检查。一旁的小鲁

却焦急地说："魏姐，现在不能停工啊，这批货客户要得很急，已经催过好几次了，领导也下了死命令，明天必须如期交货，不然我这个月的奖金就没了。另外，这台机器之前也出过这种毛病，也没造成什么影响啊！"

魏晓华听完小鲁的话，耐心地对他说："小鲁，现在必须马上停工检查这台机器。假如是因为机器故障问题导致产品质量出问题，你知道会造成什么样的影响吗？如果顾客喝了咱们的啤酒发现有问题，以后就不会再买，牵一发而动全身，我们与经销商的合作也会因此受到影响，到那时，就不用再'赶工'了，因为已经无工可赶了，奖金更是不要再想了。话说回来，设备维护也要遵从应有的制度，你作为操作员应该一清二楚，眼下怎么能为了赶工和奖金不顾制度、不顾顾客呢？"

魏晓华的一席话，让小鲁心头一震，意识到了自己潜意识中试图"蒙混过关"的念头，于是马上停机，配合维修人员检修。通过初步检修，维修人员判断出机器的一个部件严重磨碎，继续生产必将影响产品质量。小鲁见状，内心十分感激班组长魏晓华，也开始深刻反省自己不遵从制度的行为。

★☆★☆★☆★☆★☆★☆★☆★☆★☆★☆★☆★☆★☆★☆★☆

案例中的小鲁之所以"出问题"，就是因为他把心思都放在赶工和自己的奖金上，所以即便身为操作员，即便知道机器出过问题，也不理会各项规章制度，依然为了获得自己内心所想继续赶工。这种无视制度的行为，往往会导致很多不良后果甚至事故的发生。

为制度加把锁，其实更重要的是为每一名班组成员的内心"上锁"，只有他们自己意识到遵守制度的重要性，了解"作假"带来的危害，才能从根本上剔除一切侥幸心理。

若从这个方面讲，案例中的小鲁也涉嫌"作假"，毕竟机器的故障他早已知晓，并以"没造成什么影响"作为继续赶工的理由，但身为操作员的他难道不知道故障机器生产出的产品会有质量不达标的可能吗？所以他的"明知故犯"也属于一种"作假"行为，是要坚决杜绝的。

在班组工作中，虽然没人能保证不遗漏任何细节，但以更高的标准、更严的要求来约束自己，对一切制度心存敬畏，不忽视、不轻视，做到对每一环节了如指掌，消除一切违反制度、弄虚作假的行为，便能最大限度地避免班组和企业的利益受损。

☆★☆★☆★☆★☆★☆★☆★☆★☆★☆★☆★☆★☆★

某工厂班组长小林，在上任一年后的某一天接到了一个通知：上级领导要来检查他所带班组的安全管理工作，并打算向公司为其班组申报安全文明班组。小林十分高兴，因为能够被推选为安全文明班组候选，就代表这一年来的工作得到了上级领导的认可。

为了不出岔子，小林找出了放在资料柜下层的安全管理台账，那本台账已经很久没有动过了，封皮破了，里面的字迹也十分潦草，有些记录只有一半，还没有写完。这样的台账绝不能出现在领导面前！小林打定主意，把台账拿回家，他准备重新做一份新台账。

为了让台账看起来更漂亮，小林特地找了几个写字漂亮的朋友，让他们按照不同日期重新抄写一份。等新台账做好后，小林不禁喜上眉梢，觉得这样的台账放在领导眼前必定会得到赞赏。

一个星期后，领导来检查工作，小李陪同在一旁随时等待领导的发问。领导问："作为班组长，如果P-208泵烧毁了，要怎么处理？""装置硫化氢报警仪突然高报，如何应急？"……面对领导提出的问题，小林沉着应答，领导微笑着点点头。

突然，一位科长问小林："这是去年的管理台账吗？"小林马上说是。科长一脸疑惑地又问："如果是去年的，为什么笔记本是上个月生产的？"然后指了指笔记本的生产日期。这下，小林哑口无言了。

事后，领导把小林单独叫去，听完他的解释后说："安全管理台账绝不是摆设，记录台账的目的是希望大家都能通过兄弟单位血的教训引以为戒，并学习各种技能，提升应变能力和保护自己、同事，乃至于国家财产的能力。倘若这些流于形式，只在表面做文章，最后必将付出血的代价。你身为班组长，要知道自己身上的责任，也要带头遵守各项制度，切不可弄虚作假！"

★★☆★★★★★★★☆★☆★☆★☆★★★★★★★★★★★☆★☆★☆★★★★★☆

班组长是一个班组的带头人，如果他本身不能做到遵守纪律和制度，弄虚作假，那么整个班组也会成为一盘散沙。班组制度不能只存在于脑海中、口头上，班组长要实实在在地抓落实、重执行，做对制度负责、对工作负责、对企业负责的卓越班组长。

5. 建立明确、有效的绩效管理制度

在企业绩效管理中，绩效考核是关键一环，同时也是质量信得过班组完善基础管理的一个重要方面。它要求班组根据工作内容及特点，完善且有效地落实班组绩效管理制度，由此激发班组成员的工作积极性、主动性。

在一个班组中，之所以要建立清晰、具体且公正客观的绩效评估机制，旨在让组员聘用、职务升降、培训发展等有据可循，它不但有利于

班组的健康发展,更有利于班组成员建立不断自我激励的心理模式。

一般来说,绩效考核有以下三个标准。

第一,绝对标准。顾名思义,即建立员工工作的行为特质标准,如果能达到这一标准,就会符合考核要求。

第二,相对标准。这项标准与绝对标准不同,是把组员的绩效表现做横向比对,通过组员之间的比较来评定一个人工作的好坏,然后将被考核者以某一标准进行排名,或者把被考核者列入之前决定的等级内进行排名。

第三,客观标准。考核者为了评价组员,会在判断他们自身特质及其执行工作的绩效时,对所有特质或绩效表现在评定量表的每一点的相对基准上进行定位,以此进行考核。

绩效考核是一项过程管理,不只是把焦点放在结果上。当班组建立绩效管理体系后,班组长必须严格执行绩效考核,同时在考核过程中掌握一定的基本原则。值得一提的是,由于绩效考核关乎组员切身利益,所以对班组长的公开、公平和透明原则提出了更高的要求。班组长必须不讲情面、不徇私情,这样才能打造出“纪律班组”。

那么,在班组工作中,如何建立明确、有效的绩效考核制度呢?

第一,立足于公平。绩效考核制度要建立在公平的基础上,在建立时要多从人的方面来考虑,毕竟绩效管理以“让员工的收入与付出成正比,从而达成企业战略目标”为目的,因而员工更多地参与其中,才能让考核制度深得人心。

第二,建制以“严”、落实以“全”。既然考核制度与组员的切身利益紧密相连,在建立这项制度时就必须格外严格,杜绝制度对某些组员发生“偏倚”,同时制度在落实上也要适用于所有人,这就要求班组长必须当好“排头兵”,拒当“烂好人”。

★☆★☆★☆★☆★☆★☆★☆★☆★☆★☆★☆★☆★☆★☆★

某化工厂尿素车间化工四班班组长张文科(化名),是厂里出了名的“老好人”,在工作中踏实肯干,凡事都冲锋在前，平日里绝不轻易批评员工，整个班组一团和气。按理说，组员们有这样的班组长应该高兴才是，可有一段时间不少组员却满腹牢骚，甚至有几个组员想调到别的班组。这是什么原因呢？

原来，前些时候四个班组开展"技术比武"活动，比拼的内容有劳动纪律、工艺指标、环境卫生等方面，每个月评选结束后，排名末位的班组要从绩效工资里拿出500元奖励给排名第一的班组。这次"技术比武"历时近一年，在这段时间内，张文科所带班组连续六次得了倒数第一名，这自然让组员们怨声连连。

有人直接向张文科抱怨："张班啊，跟着你干太憋屈了啊！"张文科委屈地说："我也不想这样啊，我是怎么对大家的，大家也心知肚明，工艺指标我从不上纲上线，睡岗我更是权当没看见，至于打扫卫生、检修设备，我也是冲在最前头，为什么还是换不来你们的心啊！"

一名在工作中表现颇为突出的组员说："我从没有过违纪经历，为什么总是扣我钱呢？"另一名喜欢睡岗的组员说："团队排名倒数第一，绝不是我一个人影响的，问题还是出在班组中。"

评比结果和组员的抱怨让张文科开始自我反思，在接下来的一个月里，他一改往日的作风，不再充当"老好人"，在当班期间多走动、多提问，督促组员一切行为都必须严格遵照制度，同时按照考核制度奖罚组员。经过他的一番"整顿"，在次月评比时，不但没有垫底，还差一点就排名第一了。这种结果让张文科十分感慨："哎，看来绝不能当'烂好人'，损人不利己啊！"

★☆★☆★☆★☆★☆★☆★☆★☆★☆★☆★☆★☆★

绩效考核制度是否能真正落到实处，可以反映出班组管理是否严谨、到位，所以绩效考核绝不能建立在为了班组表面的和谐而牺牲规章制度的基础上。事实上，当班组长做到一切照章办事，班组自然会呈现出真正的和谐。

第三，目标明确。绩效考核是一种管理工具，要真正地与相关人事活动相结合才能发挥作用。具体来说，要与包括招聘、晋升、培训及工资调整和奖罚等在内的内容相结合。另外，目标的明确性还体现在所设计的绩效考核制度可以"责任到岗"，即将责任划分到具体岗位。换句话说，岗位有其岗位规范，而后绩效考核便依托于规范，对具体的人员进行更直观的考核。

第四，透明度高。绩效考核制度必须有足够的透明度，要建立在整个班组上下一致认同的基础上，同时考核标准也必须足够明确，消除所有暗箱操作的可能性。再则，班组长要公开化考核活动，上下级进行直接对话、面对面沟通，这样就可以最大限度地确保考核的公正性。

第五，及时反馈。及时反馈绩效考核结果，便能及时掌握组员和考核工作的情况，这也能从侧面反映出所建立的绩效考核制度的长处与不足，从而适当调整，以更适应班组的特点。

第六，操作性强。无论多么复杂或多么简单的绩效考核制度，最终能否收到预期效果的关键点即在于能否简单操作、快速上手，如果一项绩效考核制度从建立之初就不能有效落地，不具备实操性，或实操性过弱，那么它是没有过多存在价值的。

需要着重强调的是，建立绩效考核制度不应把薪酬作为绩效管理的全部，必须要根据实际情况加以调整，比如每季度或每半年调整一次，以此可以提升表现差的组员的积极性，让他们不至于掉队。同时也要对管理者（不限于班组长）提出高标准，毕竟他们是绩效管理体系的建立者，他们有义务发挥自身的工作技能、管理技能，从而成为让下属信服的管理者。此外，作为管理者必须信守承诺，这也是落实绩效管理的重中之重，可以推动绩效管理有序开展，良性循环，反之则会裹足不前，陷入泥潭。

绩效考核的目的是激发组员产生更强大的内驱力，它是一种工具，也是一种能量，它的最终目的不只是单纯的利益分配，而是促使班组与组员共同成长。

第四章

抓现场，实现安全生产"零事故"

现场管理是班组生产管理的重要组成部分，也是班组生产管理的具体内容之一，它是确保班组作业现场的各种生产要素合理配置和优化组合，并经由生产过程转换，按预定现场作业目标实现产出的一系列管理活动的总称。班组抓好现场管理，就等于事先做好了生产预案，实现了对生产现场的全方位监控，避免了现场可能出现的各种"异象"和突发事件。班组只有安全生产才能保证效益，才能确保企业的稳定发展。

1. 拟订计划，为班组生产定基调

在组建质量信得过班组的过程中，现场秩序管理也是完善班组基础管理工作中的重要环节。在实现安全生产之前，拟订计划是实现顺利生产的第一步。计划具有一定的预见性和主观能动性，也是一切工作的开始。

在班组管理中，拟订计划也是管理工作中的一项重要内容，更是班组长必备的一种能力。事先拟订好计划，可以让预期的工作更高效快速地完成。那么，在拟订计划之前要做哪些具体准备工作呢？

首先，充分调查，收罗资料。拟订班组生产作业计划是一项复杂、细致的工作，它涵盖生产、技术和经济组织的方方面面，班组长必须深入调查研究，掌握各种原始资料和生产动态才能制订合理的计划。具体包括：车间生产计划、上期班组计划的完成情况；组织技术措施计划与执行情况；物资供应、设备检修以及劳动力调配等方面的资料。此外，在制订本期生产计划的同时，必须着重总结上期计划执行的经验和教训。

其次，为生产任务"找平衡"，确定班组计划指标。要想落实生产任务，就要平衡好以下几种关系。

（1）生产任务与生产能力的平衡：测算出设备对生产任务的保证程度。（2）生产任务与劳动力的平衡：测算劳动力工种、数量，从而判断劳动生产率水平与生产任务的适应情况。（3）生产任务与物资供应的平衡：测算主要原料、动力、工具等对生产任务能够起到的保证程度，以及生产任务与材料消耗水平之间的适应情况。（4）生产任务与生产技术准备的平衡：测算工艺准备、设备维修、技术措施等与生产任务是否相适应，以及衔接是否得当。

最后，报请审批或备案，确定生产指标。一项生产计划从拟订之初到正式成型，必须经由反复核算和平衡，最后确定完备的班组计划表，交由生产主管。

在拟订生产计划的过程中，班组长必须确保每个计划都有效，这就需要事前的准备工作务必细致、周到、符合实际，同时也要尽量减少甚至杜绝失误，为此应遵从"六不要"原则。

一不要把计划的内容拟订得太过复杂、苛刻，不易实现；

二不要把计划设定得过高，有目标是好事，但要考虑到组员的实际情况，难以完成的计划纵使拟订得再出彩，也毫无用处；

三不要脱离大多数组员的期望和心理承受范围；

四不要"单打独斗"，认为在没有上级支持的情况下也能完美地落实计划，这很容易让计划因没有足够的支持而"胎死腹中"；

五不要在计划确定并发布之后频繁进行更新和调整；

六不要缺少必要的实施步骤，一项只有目标没有步骤的计划是不可能成功的。

在具体的计划拟订过程中，班组长还要根据所带班组的具体情况扩展"注意事项"的范围，确保计划真正可以有效落实，达成预期。

通常来说，计划越周密，目标就越容易顺利实现。相反，执行起来就会格外耗时费力。有人说："没有计划，就是正在计划失败。"这句话道出了拟订计划的重要性。在班组安全生产中，计划的重要性更是不言而喻。

当做好了拟订计划的事前准备，也明晰了注意事项后，班组长就必须了解一项周密计划的三个主要特点——简单、清楚、实操性。这三点统括了一份出色的计划的特点，若违背了这三点，即拟订的计划复杂、描述模糊且不易上手，那么它就是一项失败的计划。

在拟订计划和落实计划的过程中，班组长也应明确以下"四要素"：做什么、怎么做、谁来做、何时做。

"做什么"，是一项计划应当达成的目标，也就是说，在拟订生产计划之前，班组要明确目标，比如在生产中达到什么样的效果。

"怎么做"，指的是采用哪些措施和策略来达成目标。要想在预期的时间内实现目标、完成任务，势必要有相应的对策和方法，比如动员哪些力量、准备哪些材料、创造哪些条件、排除哪些困难等。把"怎么做"想得越具体、越透彻，在具体拟订和落实计划时就越轻松。

"谁来做"，是对人员和责任人的指定。在拟订计划的过程中就应该为计划选择合适的执行人，并将权力与责任同时下放。在安排工作时，也要把权力与责任下放，不能因为某人能力强便把更多的工作压在他身上，时间一长，"忙的忙死、闲的闲死"，是无法获得更好的效果的。

"何时做"，是指工作进度及完成时间，比如什么时间开始、什么时间结束、每个环节的时间节点如何，以及在规定时间内的工作量分配等。

明确了上述"四要素"，班组的生产计划在执行落地过程中便会既高效，又能轻松地达成预期目标。

2. 召开班前会，科学管理一步到位

班前会是班组长根据当天的工作任务，每天在工作前必须召开的班组会议，旨在向班组成员总结上一个工作时段的作业情况，同时布置当天工作任务，通过事前筹划、事中执行、事后计算来进一步把控生产节

奏和结果。

切勿小看班前会，它并不是单纯的对一些注意事项的提醒，而是最实用、最有效率的会议，能够对当前生产进行更为全面的布置和准备，倘若认为班前会可开可不开，只不过是走过场，就大错特错了。可以说，班前会在一定程度上决定了班组当天的生产效率，它也是一种科学的管理方式。

班前会是提供全员系统交流的好机会，班组长可以通过短暂的班前会讲一讲上一工作时段发生的问题、交接班情况、存在的不足和缺陷以及布置当天任务，这样便能极大地降低沟通成本，让组员明确上岗时应注意的各种问题，从而减少时间、精力的浪费和效率的损失。同时，在班前会议上，生产一线的组员也可以直接反映在生产过程中出现的各种问题，寻求解决办法和支持，以便在当天的工作中消除障碍。

班组长要想利用好班前会，首先应明确班前会的特点，即时间短、内容集中、针对性强，它不要求班组长长篇大论，而是摘取重点问题，直击要害。具体来说，班组长的班前会要点应包含企业经营动态、生产信息、质量信息、安全状况、工作纪律以及班组风气等，这些要点也并不是一次性出现在一天的班前会中，班组长可以根据当天班前会需要总结的内容，合理插入对应事项，达到强化组员意识的效果。

班前会也是一个很适合"说教"的场合，班组长要善用这个特殊的时间点对组员进行正向教育和积极引导，促使全体成员思想一致，养成良好的工作习惯，从而形成健康向上的班组风气。

那么，如何开一个高效的班前会呢？可以从以下方面入手。

第一，唱厂歌、读理念。为了提升士气，班组长可以轮流让值班组员唱厂歌，并诵读企业经营理念。当然，如果企业本身没有这种规定，也不必强制性进行。可以改为由班组长根据阶段性工作重点，设计相关工作内容，然后再由值班组员领读。

第二，分享体会。每天开会时，值班组员可以把个人的工作经验、心得体会、反思反省等与工作相关的一切都分享给全组成员，由此，其他同事便能在这样的分享中获得一些经验和警示，有助于在工作中提升自己。需要注意的是，组员在分享时要有明确的主题，表达应完整、流畅，时间控制在两三分钟内。通过这种轮流分享，每名组员都可以把自己的内心想法表达出来，经过交流便会获得很多积极意识和能量。

第三，工作总结。这里的总结并不是对这场班前会的整体总结，而是由主持该场班前会的值班组员请出班组长，让班组长对前一天工作进行简单总结，然后检查是否有尚未达成的目标、没有完成的任务，现场是否有异常情况发生等，最后强调当天的工作注意事项等。

在做总结时，班组长还要避免一个常犯的错误，即在鼓舞大家时避免"大家干得都不错"一类的空话、套话，最好能具体到人和事，可以直接点名表扬，这既能起到激发全员工作热情的作用，又会让被表扬者再接再厉。当然，这种赞美也要适可而止，且不能每天都去表扬同一个人。同时，也要有适当的批评，这是为全组成员敲响警钟的好机会。

第四，事项安排。在班前会上对当天工作做具体安排是一项重要任务，具体包括当天的生产计划、工作目标、任务分配以及人员调配等。在布置具体任务时，班组长需清晰明确地传达指令，切勿含糊其词，混乱不清，在涉及某组员的工作任务时，不妨直视对方，观察对方的反应，确保对方完全理解指令。

第五，工作要求。班组长应根据前一天的工作情况和当天所布置的工作内容，对全员提出要求和期望，包括工作时间要求、工作质量要求、工作配合要求、遵守纪律要求以及及时联络要求等。

第六，企业信息。立足于企业生产和经营情况，班组长可以在适当的时机向组员传递有关企业的各种信息，让组员了解整体生产情况，从而对工作要求有更深入、全面的理解，也更容易接受。

第七，特别联络事项。在班前会结束时，班组长可以像"拉家常"一样说一句"大家还有没有其他事项"。这种询问可以有效避免没通知到位、没提醒到位的情况发生，组员若有提议需要补充，便可以直接说出来由班组长定夺或供大家探讨，最大限度地在开始一天的工作前解决所有潜在问题。

一个高效的班前会对于开展一天的生产工作必不可少，班组长在上述七个方面做好万全的准备后，也要在另外几个细节上严抓细管。

首先，由于不少班组采用班组成员轮值主持班前会的方式，所以班组长必须提前做好充分的准备工作，排好轮值表，并事先动员，帮助组员做经验总结，督促大家养成书面整理的习惯；言传身教，帮助组员克服心理障碍，提升组织能力、表达能力。此外，班组长也要有足够的细心、耐心，善于思考和总结，每天都要坚持写工作进度表，筛选第二天的工作重点，整理出班前会上涉及的重点内容，防止开会时有遗漏。

其次，在部署之前整理好全员队伍仪态，切忌站队七扭八歪、人员交头接耳，懒散的班组风气会破坏班前会的严肃感，而端正的态度却会让全员都重视起来，形成适当的紧张感，有助于更快地进入工作状态。为此，轮值组员要负责整理队形并点名，确认班组成员的出勤情况。

再次，要让全员有一个积极的风貌，这一点从班前会上就要体现出来。常言道，"一年之计在于春，一日之计在于晨"，每天早上在开始一天的工作前，班组成员之间友好、礼貌地相互问候会带来一天的好心情，也会激发出更大的工作热情。一句声音洪亮的"早上好!"听起来很简单，却会让问候者和被问候者都在内心产生一种气势，从而更积极地面对接下来的工作。

最后，不管是轮值组员还是班组长，在主持班前会时都要保持亲切的态度，稳重大方、和蔼可亲，说话声音洪亮、吐字清晰，且在布置任务时言简意赅，用简单的"一二三"点将一天的工作做大致概括，如此组员接收的信息既清晰又明确。

班前会看似"琐碎"，但却是班组管理中不可或缺的一项重要内容，它会在安全生产中凸显出重要作用，是一种有效的提升全员参与意识、协同意识，预防工作中的隐患的重要形式。

3. 人员到岗，充分准备才能避免失误

在班组开始生产之前，需要在各个方面做好充分准备，其中人是最重要的因素，毕竟生产现场管理是一个动态的管理过程，即便人员和岗位是固定的，岗位职责也早已明确，可变动性仍然时时存在，这就对现场人员和工位管理提出更大的挑战。

在生产现场，人员都处于流动状态，班组长要对所有人的"流向"了如指掌，最好能一眼看到某个组员在某个位置，且经流动后应该出现在哪个位置，如此就能做到心中有数，便于指挥和管理。当然，人员流动性多发生在不固定作业的班组，需要人员时时变动位置，相互配合才能完成一项工作。如果是流水线作业的班组，人员都是"一个萝卜一个坑"，发生人员流动便一眼可知。因此，除流水线作业的班组外，其他在离散型工厂工作的班组，比如 IQC、物料组、动力班、实验班等班组，在安排现场人员与工位时就必须有章法可循。

(1) 人员流动"标识牌"

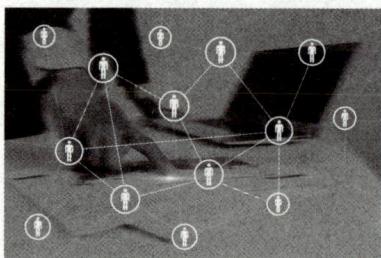

在生产现场放置这种"标识牌"，班组长会一眼看到固定工位的员工，便于现场管理。"标识牌"的制作和管理方法非常简单，首先可以按班组列出人员清单，纵向排列；识别可能的流动场所，横向排列；接着把员工名字、队形和场所制作成表，打印出来或直接刻画下来，制作成"标识牌"。

制作好的"标识牌"可以悬挂在本班组的显眼处，同时不局限于特定的"标识牌"，类似白板、纸条等都可以算作标志人员流动状态的标识。这些"标识牌"要由专门的人员管理，负责清洁、维护等。"标识牌"的内容必须简明扼要，让组员一看便能自我提醒，从而避免出现擅自离岗、现场秩序混乱等局面。

（2）工位顶替

一般来说，出现以下几种情况时，就有必要进行工位顶替：操作员去卫生间、饮水；操作员迟到或临时因事请假；操作员发生意外，不能继续坚守岗位；操作员临时接到上级领导的指派或需要执行其他紧急任务等。当发生诸如此类的操作员必须离岗的情况时，班组长就要安排其他组员顶替。离岗与顶替仍然要遵从一定的程序，绝不是简单的"他走你上"。

第一步：暂时离岗人员需要向班组长提出口头申请。

第二步：离岗者摘下操作证，并佩戴离岗证。

第三步：由于工作现场生产人员都各司其职，所以大多是班组长或助手临时顶替。

第四步：班组长要对顶替者的工作予以确认。

工位顶替要遵从固定的程序，这也是班组管理中一项容易被忽视的重要一环，有些组员觉得自己的操作岗位并不特殊，随便哪个同事都可以顶班，所以会有私底下让他人顶替的情况出现。殊不知，这不但是无视管理制度的表现，更容易造成无法预知的后果。

★★★★★★★★★★★★★★★★★★★★★★★★★★

　　某机械厂实施计件工资制不久，一些车间班组组员便开始利用周末的时间去厂里加班，以便拿到更多的计件酬劳。

　　一个星期天早上，张某被领导安排加班与同事们赶制一批产品，但是张某有私事要办，他在没有直接向领导说明的情况下，私自让同车间的另一名班组成员孙某替班。孙某与张某是相熟的好友，两人同在一个车间的不同班组，以前就曾有"替工"的情况，不过这次赶制产品所需操作的机器与之前不同，孙某虽然接触过，但操作并不熟练。

　　下午1时，办完事的张某考虑到孙某操作不熟练，害怕制造出废品，所以便赶往车间查看。来到车间后，张某发现车床刀架紧固螺钉松动，他在机器正常运转的情况下贸然伸手去拧螺丝，突然手指被卷入机器中，而在一旁的孙某一时慌乱，不知道如何关掉车床电源开关，只能抱着张某的身体向后拉，最终导致张某左手拇指、食指被机器斩断，造成了一起重伤事故。

★★★★★★★★★★★★★★★★★★★★★★★★★★

　　导致这起重伤事故的直接原因是张某擅自让不了解工序的人顶替自己。同时，车间班组长也有不可推卸的责任，生产现场有不是自己班组的人员来顶替操作，班组长居然"不知道"，无疑是失职的表现。

　　在现实中，类似不按程序私自顶班的现象时有发生，班组长和组员必须引以为戒，不要等到无法挽回的时候才后悔当初的违规举动。

(3) 现场人员的管理和指挥

　　几乎任何企业中都有几个"多面手"，他们如同救火队员一般，哪里急需支援就可以被调遣到哪里。这种"多面手"常常掌握两种以上或更多的技能，如同"万能工"一般。作为班组长，在班组工作中要有一双善于发现能人的眼睛，平时多观察组员的言行举止，同时也要刻意培养，为崭露头角的组员提供施展才能的舞台。

此外，班组长也要定期把班组里的"多面手"适当地调岗，毕竟他们在一项技能岗位上工作时间过长，其他技能会变得"生疏"，所以不定期换岗有助于他们的作业熟练度。

除了"多面手"，资格人员和临时工也是管理要点。资格人员多为企业特许的授权人员，都具备某些特长，可以独自开展工作并达到预期效果。因而对他们的管理重在"过程"，即在他们获得资格的过程中严格把关，避免名不副实。

临时工则是企业为了完成某一项专门、特定或临时任务所招来的非正式员工，这些员工好似企业的"机动部队"，灵活性很强，在管理上有必要采取专人指导和跟踪的方式，以确保工作顺利展开、快速完成。

确保人员到岗，是保证生产工作有序开展的前提和基础，而在"人"的因素之外，在生产前需要做好准备的还有"物"的因素，它包括技术准备、物资准备、组织准备以及现场秩序和环境的准备。

技术准备：比如与图纸、工艺标准等有关的技术和资料；召集组员就所负责工作研究图纸、熟悉工艺，以掌握各项技术要领；落实安全技术操作规程，提前检验工具，做好防范措施。

物资准备：准备好作业所需的各种工具、量具、模具、刀具等工器具，送至工作现场，并按规定摆放在相应位置；检查、调试生产设备，确保其达到生产工艺需要的技术状态；按照作业计划需要和工器具使用先后顺序，将所需物资、坯料、油料等按数送至作业现场，放置在固定位置并抽查质量；疏通水、电、路、信，确保使用正常。

组织准备：根据作业计划，进行合理的人员调配，使得班组工种、工序形成完美配合，同时做好人员培训、岗位练兵等细致工作；确定生产班次，落实岗位责任制，明确班组长任务等。

现场秩序和环境：包括劳动纪律、工作作风、人员面貌及素质等。具体内容有：是否存在迟到、早退、旷工等现象？是否有组员萎靡不振，不能保持良好的精神状态投入工作？全员是否能自觉主动地参与到各种准备活动中？组员是否能保证自己的言行举止符合规范要求，不影响他人？组员是否能够快速学习并掌握新产品、新技术的特点，熟悉重点作业内容？等等。

综上，在现场作业开始之前，确保人员到岗，各司其职，且能够做好一切与生产有关的准备工作后，便可以尽可能地保证生产万无一失，实现生产效率最大化。

4. 未雨绸缪，及时排除现场"异象"

生产现场如同"战场"，可谓瞬息万变，稍有忽视，没能及时排除生产现场出现的各种或明显、或隐藏的"异象"，便极易使整个生产受到严重影响。具体来说，可能会造成生产（制造）部门停工，或是生产进度延迟等情况。

现场中"异象"的潜在危害令人畏惧，必须快速精准地堵住它、解决它，防止它恶化、扩大，才能保证生产的顺利进行。

★☆★☆★☆★☆★☆★☆★☆★☆★☆★☆★☆★☆★☆★

王峰（化名）是某矿防突队二班班组长，身为"兵头将尾"的他深知不但要带头干好工作，更要创新班组安全管理方法，提升班组成员安全技能，保证矿井安全高效生产。在现场"排异"方面，王峰也的确是个能手。

王峰所带的班组主要负责井上、井下瓦斯抽放管路，以及泵站的运输、安装、改造和回收工作。凭借着出色的工作业绩，其小组多次被评为"先进班组""优胜班组"，更是矿上防突一线的"尖刀班"。

为了确保作业现场的安全和工作的有序开展，王峰凭借着多年的管路安装经验，结合实际情况推出了一套实用有效的"一二三班组管理法"，即"一敲"：施工前敲帮问顶；"二细"：心细，安排工作更要细，事先调配好人手，保证"今日事今日毕"；"三保证"：保证安装的管路没有积水、没有漏气、没有死弯。

一次，王峰带领班组在井下安装瓦斯抽放泵站，在起吊泵站时，他发现两根起吊锚杆中的一根下滑，于是马上挥动手中的矿灯让拉倒链的组员停下来。他说："这泵站太沉了，我们必须更换起吊位置，这次得用3根锚杆进行起吊，确保安全。"

组员们知道这样做会增加工作量，不过也都非常赞同王峰的做法，用了三根锚杆。最终，工作顺利完成，也没有出现任何纰漏。

还有一次，在井下安装瓦斯抽放管路时，王峰又发现巷道边有一段管路不直，便马上对调试管路的操作员说："这段管路安装得可不中，存在安全隐患，我们必须得整改。"说完，与操作员一起找来倒链，重新修整了管路。

★☆★☆★☆★☆★☆★☆★☆★☆★☆★☆★☆★☆★☆★☆★☆

在生产现场，很多"异象"可能并不会直接呈现出来，或者看起来并不是异常情况，这就需要班组长凭借丰富的经验和过硬的业务水平判断某些情况是否"偏离正轨"，毕竟"异象"一旦发生，就会造成不同程度的损失，届时再去补救或许为时已晚。就如案例中的班组长王峰一样，倘若他做不到未雨绸缪，明知作业时有些环节出现纰漏、达不到最佳状态，却依然继续作业，很有可能造成人的伤害和物的损失。所以，一旦发生任何"异象"苗头，必须及时果断地处理。

大问题都源于小问题，小问题则源于"隐患"。在具体的现场工作中，班组长必须提高警惕，打起十二分精神，做到紧盯现场不疏忽、发现问题不放过，并及时做好巡查记录，做到对现场的一切了如指掌，如此才能从根源上消除"异象"。

俗话说，"预防胜于治疗"，这句话也同样适用于班组生产现场对"异象"的排查上，毕竟有效预防比紧急处理更重要。那么，如何才能尽量保证不发生或少发生"异象"呢？不妨从以下几个方面着手。

第一，生产计划

为保证生产效率，要及时、迅速合理地调整工作安排，但生产总量不变；因计划调整余下的产品、半成品等，要做好盘点、入库、清退等工作；因计划调整而闲置的人员，可以安排做前加工工作；事先安排相关人员按照计划更换物料、设备等；在计划调整时间段，安排必要的教育培训。

第二，物料计划

生产计划确定后，马上确认物料情况，查看有无短缺，实时掌控具体情况；物料告缺前半小时，以特定的警示灯、电话或书面形式进行上报，反馈给采购、资财等相关部门；若短暂断料，可安排闲置人员做前加工、整理等闲散工作，若断料时间过长，则可以安排必要的教育培训，或是做计划变更，生产其他产品。

第三，设备

设备出现异常情况后，立即通知工程维修部门协助排除，闲置人员可做整理或前加工工作，若维修时间过长，可做其他工作安排。

第四，品质

发生品质异常时，用警示灯、电话或其他方式通知品管部门及相关部门，积极配合对策实施，确保任务达成。排除异常前，闲置人员做整理和前加工工作；若排除时间过长，另做生产变更。

第五，设计工艺

发现"异象"后迅速与品管部门、生产技术部门和开发部门联系。

第六，水电

出现异常情况后，马上通知工程动力维修部门抢修，闲置人员另作安排。

上述"异象"更多地会显出"苗头"，只要班组长及时处理，是不会造成后续作业延迟或停工情况的。简单来说，排除现场"异象"需要的是细心的观察，并在锁定"异象"后马上采取对策，杜绝"异象"演变为事故，继而造成损失。预防，在排除生产现场"异象"上意义非凡。

★☆★☆★☆★☆★☆★☆★☆★☆★☆★☆★☆★☆★☆

某仪化热电中心锅炉装置运行三班共有 30 名组员，这是一个心往一处想、劲往一处使的团队，他们始终把班组安全和整个公司的安全稳定发电、供气紧密地联系在一起，全员都奉行"在岗一分钟，安全六十秒"的安全准则。

当锅炉正常运行时，作业现场轰鸣的马达声和复杂的环境时刻考验着巡检组员的真功夫，所以全员都牢记"凡事都要尽心，干事都要精心，工作更要求精"的操作理念。

2019 年 5 月的一天，当值女组员王悦（化名）在巡检到 1 号脱碳吸收塔的一台搅拌器旁时，看着熟悉的设备的运转情况，她察觉到了一丝异样。仔细地看了看电机，还在正常运转着，她伸手摸摸轴承箱，却发现是凉的，按照自己的经验，她判断出搅拌器的叶轮出现了问题。

轴承箱与叶轮都是密封设备，看不到里面的具体情况，她不敢耽搁，马上向班组长汇报了情况，又联系了检修人员。经过拆卸检查，证实了王悦的判断果然不错。由于这个"异象"被及时发现并排除，避免了吸收塔内浆液的沉淀结垢，潜在的继发性设备问题也被一并解决了。

事后，检修人员说："要不是她耳朵灵，设备即便是再运行一天，也不一定能发现问题。"另一位组员听到这话后，得意地说："厉害吧，这都是我们班开展实战技术，磨炼出来的结果啊！"

★☆★☆★☆★☆★☆★☆★☆★☆★☆★☆★☆★☆★☆★☆★☆

案例中的王悦能够凭借自己"耳朵灵"听出设备问题，避免了更大的损失，的确令人佩服。仔细想想，其实并不是她"耳朵灵"，而是如另一位组员所说的那样，平日里的实战让组员们练就了"千里眼""顺风耳"，是实打实地演练才让他们养成了"排异"习惯，也就是说，他们善于通过现场出现的蛛丝马迹找到问题的症结之所在。从这个角度来看，班组日常的岗位练兵才是真正让组员具备未雨绸缪能力的关键所在。

5. 5S 管理，助力班组长提升管理效能

在现场管理方面，人们最初熟知的是 5S 管理法，即整理（Seiri）、整顿（Seiton）、清扫（Seiso）、清洁（Seiketsu）和素养（Shitsuke）。5S 即为这 5 个单词首字母缩写，这一管理法也被称为"五常法则"或"五常法"。

最初，整理、整顿是 5S 的雏形，后来又增加了另外三个 S，形成了 5S 构架。由于 5S 管理的重点从环境品质逐步向人的行动品质扩展，促使企业在安全、卫生、效率等多方面都得到了巨大改善，所以被广泛推行。海尔集团在引进推行 5S 管理法时，在原有基础上增加了一个 S——安全，便形成了今天的 6S 管理法，而后其成为管理模式的样板。

事实上，不管加多少 S，5S 始终是这一管理方法的基础和根本，正所谓"万变不离其宗"，班组在现场管理上有效推行 5S 管理法，是十分有益于消除安全隐患、节约成本和时间，从而提升效率，让企业在激烈的市场竞争中立于不败之地的。

☆★☆★☆★☆★☆★☆★☆★☆★☆★☆★☆★☆★☆★☆★☆★

某机修公司机械修造厂钻修车间有近 70 名员工，下设钻修一班、钻修二班、焊工班、试车班和综合办 5 个班组，该车间主要负责钻井总公司的各个大中型钻井设备的维修和现场服务工作。

自 2009 年以来，该车间为了进一步强化基础工作，学习先进的管理经验，开始推行 5S 管理法，以此来规范员工行为，优化作业环境，减少浪费，提升效率，从而打造标准化车间。

为了更好地让 5S 管理法落地，车间成立了"5S 管理小组"，从组织实施、考核达标等方面制定了适合本车间的方法。此外，还根据具体工作区分不同重点，在现场管理上着重整理、整顿、清扫、清洁，力求每个岗位都能在工具的使用、产品的修理、杂物及工作台物品的摆放等方面多用心、下苦功。同时，在员工队伍建设上侧重自检和素养，让每名员工都能真正明确企业管理制度和各自的岗位操作规程，以做好岗位修理工作的自检自查。

5S 现场管理法在该车间实施了一段时间后，从部门领导到员工都养成了自觉主动意识，在工作中严格约束自己，一切按部就班，并最终在公司评比中成为标准化车间。

★☆★☆★☆★☆★☆★☆★☆★☆★☆★☆★☆★☆★☆★☆★

5S 管理法是否能产生良好的管理效应，关键在于落地。案例中的车间在推进该管理法的同时，更把责任细化到了每一名班组长和每一个岗位，严格责任落实，让每个人都成为监督员，从而奠定了管理迈向标准化的基础。

那么，5S 管理法具体内容是什么？它有怎样的目的和意义呢？

第一，整理（Seiri）

简单来说，就是区分要与不要的物品，在现场只留下必备的物品，并妥善保管留下来的必需品。至于不需要的物品，可以收藏入库或是进入废品回收流程。通过整理，可以有效改善和增加作业现场面积，确保现场无杂物，行道通畅，提升工作效率，也能保证组员在作业时尽量不发生碰撞情况，确保人身安全，还有利于减少库存量，节约资金，并消除管理上混放、混料等事故，对改善班组风气、提高组员工作劲头也有积极作用。

整理的意义在于：彻底区分开要与不要的人、事、物，把现场摆放和停置的各种物品分门别类；车间各工位设备前后、通道附近、厂房上下等，包括各种死角——搜寻和清理，确保现场没有无用之物。

第二，整顿（Seiton）

按照规定把必需品放置在固定位置，有序摆放，并设置明确的标示，确保每件物品都有一个放置的地方，且都放置在它该放置的地方。通过整顿，可以快速找到某个物品，提升工作效率和产品质量，并能确保生产安全。

整顿的意义在于：明确需要的人、事、物，以定量、定位；经过前一步的整理后，采用科学合理的布置和摆放，从而更快、更准确地找到所需物品，以便在最有效的规章制度和简洁流程下完成各项任务。

需要注意的是，物品摆放要遵从固定、准确、合理、科学的原则，比如把使用频次高的物品摆放得更靠近作业区域，不经常使用或偶尔使用的物品可以适当摆得稍远一些；物品摆放也要做到"过目知数"，不妨用色彩和标记对不同物品及区域进行区分。

第三，清扫（Seiso）

顾名思义，就是将作业现场的脏污等物料垃圾全部清除，确保作业现场干净、整洁、明亮。

清扫的意义在于：清除了这些脏污乱料之后，作业现场或明显、或隐藏的"异象"发生源也会一目了然，从而可以有针对性地实施自主保养，提升设备利用率等。

在清扫时，组员要牢记，自己的物品，比如所管设备和工具等要自己清扫，不能交付他人，且无须为此增设清洁工；对设备的清扫集中表现在维护和保养上，并有效结合点检，还要对设备做润滑工作；在清扫时，也要留心现场是否有飞屑和泄漏的油水等，一旦发现，务必查明原因，采取相应的措施。

第四，清洁（Seiketsu）

维持前"3S"的成果，让整理、整顿和清扫的效果更持久。

清洁的意义在于：创造让组员心情更舒畅的工作环境，通过清洁，可以最大限度地消除安全隐患。

清洁的目标除了车间环境，也包括组员自身，比如工服清洁、仪表整洁等；组员在外表干净的同时，更要确保精神"清洁"，待人和善、有礼貌，懂得尊重领导和同事；在清洁环境方面，要着重清除污浊空气、粉尘、噪声及污染源等。

第五，素养（Shitsuke）

素养，即对组员的素质和教养提出的标准，要求人人都严格照章办事，依规而行，养成良好的习惯，不断提升个人品质。

素养的意义在于：通过践行5S管理法提升个人境界，在工作中养成良好的习惯和作风，最终与企业共同进步。

要做好5S，就要了解5S的方法、步骤和要领，同时只有认清了5S管理法的真正意义，才能扭转在工作中出现的各种错误认知，实现管理的进阶。

在实际推行5S管理的过程中，不少企业上到管理者，下到基层组员，总会对此提出质疑："为什么要那么认真？不就是打扫卫生吗，有那么重要吗？"当这样的想法占据内心时，他们便会找各种借口来拒绝真正地推行5S，或迫于规定走马观花，敷衍塞责，这样的5S管理自然不会取得任何成果，反过来也会强化他们最初的错误认知。要想让5S管理发挥出应有的效果，就必须正确看待它，认识到它的好处，从内心接受。

☆★☆★☆★☆★☆★☆★☆★☆★☆★☆★☆★☆★☆★

　　某公司为了在车间推行5S管理法，特地先让各级管理层参加5S管理活动，通过认真学习、了解，这些管理人员才深切地感受到5S绝不是简单地清扫卫生那么简单。通过这一管理法，可以极大地提升工作效率，腾出更大的空间供生产部门使用，并且也可以提升员工归属感和企业效益。

　　之后，该公司开始全面推行5S管理法。一段时间后，管理层及基层组员都意识到了变化：以前，分厂有一个用来堆放备品备件的小院子，在实行5S管理法之前，院子里如同"垃圾堆"一般，杂物乱料随处可见，几乎难以下脚。现在呢？组员们自己动手制作了货架和标牌，每件物品都各归其位，错落有序，废置物品也做了相应的处理。此时再看那个小院，不但变得比之前更显宽敞，而且还空置出了更大的可以放置物品的空间。

　　负责小院整理工作的班组长在接受领导小组的检查时，一脸自豪地说："现在厂里这么重视5S，我也接受过项目培训，必须以身作则，做出点成绩来！"

　　休息室和主控室也脱胎换骨一般，目之所及，衣物、工具等都被归置在相应的地方，地面也没有杂物、烟蒂等。毋庸置疑，该公司推行的5S管理法大获成功。

★☆★☆★☆★☆★☆★☆★☆★☆★☆★☆★☆★☆★☆★☆

5S被称为企业管理的基础，也是精益生产的推行基础，万丈高楼平地起，它如同牢固的地基一般，让企业可以拔地而起，不惧狂风暴雨。所以，5S做不好或做得不到位，现场管理就会失去根基，建在其上的企业也无法长久稳固地发展。

6. 借助目视管理，全方位监测现场

什么是目视管理？简单地说，就是把企业的各种信息通过形象、直观、色彩适宜的视觉感知信息展现出来，让人一看就明白了，从而组织现场生产活动，实现提升劳动生产率的一种管理方式。这种管理法也叫"看得见的管理""一目了然管理"或"用眼睛来管理"。

与其他管理方法相比，目视管理的特点是形象直观、容易识别、简单方便，信息传递迅速、透明度高，方便现场人员的调度及监督。同时，该管理法还可以科学合理地改善生产条件和环境，利于产生良好的生理和心理效应。

具体来说，目视管理法要遵从以下几个要求。

（1）统一：实行该管理法时要实行标准化，杜绝五花八门，以免杂乱无章。

（2）简约：视觉信息及符号的使用力求简约、明了，让人一目了然。

（3）鲜明：所有视觉信息都要遵循"清晰"原则，且放置于恰当的位置，让现场的每个人都能一眼即知。

（4）实用：不花哨，实用性，是对所有标志标牌最基本也是最关键的要求，要坚决杜绝一切花架子。

（5）严格：作业现场的所有人都要遵从相关规定，没有例外，做

到有错必纠、有错必罚。

通过行之有效的目视管理，班组长可以正确、高效地对作业现场的每一处做到了如指掌，从而让"人的失误"趋近于零，减少易发生于现场的安全及质量等问题。换句话说，目视管理更像是一双"看不见的眼睛"，紧盯现场的每个人、每个环节，保证了安全和质量等隐患无所遁形。

在现场管理方面，采用目视管理法有以下几个优点。

第一，形象直观，有利于提升工作效率

在作业现场，班组长组织指挥生产，其实就是在传达各种信息和指令，操作组员接收到信息和指令后开始开展相应的生产作业。在这种情况下，信息和指令传递的速度越快、准确度越高，生产效率就会越高。但仔细想想，作业现场并非只有几个人或几十个人，有可能多达数百人、上千人，如果是这样的话，要多少管理人员耗费多少精力才能传递出精准的信息和指令呢？

目视管理很轻松地解决了这个问题，通过这一管理法，现场作业人员可以凭借相应的仪器、电视、信号灯或是标识牌等轻易读取所需信息和指令，甚至都不需要配备管理人员。

第二，高透明度

目视管理有效地消除了违反劳动纪律的现象，因为干什么、怎么干、干多少，以及什么时间、在哪里干等问题都有统一的标准，人人都可以相互监督。同时，不同车间和工种有不同的工作服、工作帽，离岗、串岗等情况一旦发生，就会处在众目睽睽之下，由此全员都能形成自我约束意识，养成良好的工作习惯。

第三，激励作用

目视管理重在让现场一览无余，与激励有什么关系呢？很多企业已经开始实行挂牌制度，即单位会根据考核，划分出优秀、良好、较差和劣等四个等级，分别对应四种不同的颜色，个人或以班组为单位的团队经过考核后，便会得到对应的颜色臂章，佩戴在不同的个人身上，如此，目视管理法的激励作用便会体现出来。在以后的工作中，各班组成员便会为了提升自己的"颜色"等级而更加努力。

第四，易于分辨对错

不少班组和企业制度多停留在文件上，管理人员若想对作业现场某一组员的某一行为做出最精准的判断，或许还得回头翻看各项制度，对号入座，十分麻烦。但采用目视管理，无须翻看文件，只看现场已有的各种标识，就可以直接做出判断，很容易辨明对错。

目视管理的优点很多，不局限于上述四个方面。那么，如此有效的目视管理，它的具体内容都有什么呢？

（1）规章制度与工作标准公开化

这是目视管理的第一要则，为确保文明生产、安全生产，一切与作业现场人员相关的规章制度、标准和定额等都要公开，与具体岗位工人相关的，比如岗位责任制、操作程序图、工艺卡片等则应展示在对应岗位，并保证其干净、整洁、完整、清晰。

（2）公布生产任务与完成情况

生产现场的很多工作都需要众人合力完成，所以生产任务必须公之于众，计划指标也要逐层分解，从车间到班组，再到个人，粘贴在鲜艳的墙面上。实际工作完成情况也应及时公布，并绘制成图表，让所有人员看出计划指标的完成情况、工作中出现的问题和发展趋势等，由此所有人都能更直观地看出实际与预期的差距，从而形成合力，保质保量地完成任务。

（3）与定置管理相融合

定置管理，即将现场物品定点放置，确保物品整齐有序，以达到方便拿取、提升生产效益的目的。定置管理也要求用相应的标志线、标志牌和颜色进行区分，所以目视管理就可以与之完美融合，使各区域、通道以及相关辅助工具都能统一颜色和标牌，实现归置有序的目标。

（4）控制生产作业

在生产过程中，为了保证所有生产环节和工具严格按照期量标准进行生产，避免过量生产和过量储备的情况发生，有必要设置与现场实际工作状况相适应、简便实用的信息传导信号，这样就能确保在后道工序出现故障，或是其他原因导致停产停工，无须前道工序供应在制品时，操作人员能够根据信号做出对应操作。这一控制手段还表现在机器设备发生故障，流水线的故障显示屏实时报告，操作人员及时发现，检修人员根据故障及时到场检修等。

（5）物品码放整齐

生产现场物品应实行"五五码放"（根据物料的特性及形状，做好"五五成行、五五成方、五五成串、五五成堆、五五成层"，确保物料叠放整齐，便于清点和取送），各类工位器具等都要按照固定数量盛装，如此整齐划一，对现场操作人员而言既方便又精确。

（6）统一着装、佩戴挂牌

作业现场人员统一着装，既能体现团队的素养，凸显出企业内部不同部门、工种和职务之间的区别，又能起到劳动保护的作用，且便于知会，同时还会让人员内心产生相应的归属感、荣誉感和责任心等。

挂牌制度包括单位挂牌和个人佩戴标志。简单来说，两种挂牌都与绩效考核挂钩，所以也都是一种侧面的激励方式，对企业内部的各团队和个人都有鞭策作用。

（7）运用目视法管理

在现场管理中，或者说采用目视管理法时，色彩是最常用，也是最直观有效的一种视觉信号，在确定了色彩的统一标准化管理后，就不要随意涂抹更改。

色彩的标准化管理，集中表现在色彩的鲜明度、冷暖色等方面，要细致地从重量感、空间感、软硬感、清洁感等情感效应入手，在对应的设备、房间等涂抹上相应的颜色。比如，纺织工人的休息室宜采用暖色，冶炼工人的休息室宜采用冷色，这样有助于消除职业疲劳。

采用目视化管理法的目的在于全面检测现场情况，所以切忌流于表面、搞形式主义，班组要根据实际情况，有重点、有计划地逐步推进这一管理法，真正地做到统一、简约、鲜明、使用和严格。

在进行目视化管理时，也要学会以下 12 种方法。

（1）定位法：把需要的东西放在固定位置，物品摆放区域的四个角可以用定位线标识出来。

（2）标识法：用醒目的字体把场所、物品等标示出来。

（3）分区法：采用划线方式区分性质不同的区域。

（4）图形法：在表示公共设施时，采用人人都能识别的图形来表示。

（5）颜色法：在表示差异时用不同颜色来区分。

（6）方向法：指示不同的行动方向。

（7）影绘法（痕迹法）：事先把物品的形状画在需要放置的地方。

（8）透明法：开放公共物品，让别人可以了解其中都有什么具体东西。

（9）监察法：随时留意事务动向。

（10）公告法：通过公告牌通知相关人员。

（11）地图法（鸟瞰法）：把公司的布置绘制成图。

（12）备忘法：记录容易忘掉的与他人相关的事情。

7. 加强应急管理，提高安全防范意识

在质量信得过班组的创建过程中，应急管理作为基础管理的一个方面，同样占据着重要地位。应急管理要求班组采用科学的方法，全方位识别工作中的各种风险，并按照风险的影响程度制定合适、稳妥的预防和处置措施。因而，为了更好地贯彻"安全第一、预防为主"的安全生产管理方针，有必要加强应急管理，以确保班组成员的生命安全。

班组的应急管理主要内容是根据班组工作范围内的危险源，预测可能会发生的事故，从而制定相应的应急预案，并且要提前演习。

班组成员长期身处生产一线，对现场的作业环境和具体情况再清楚不过，所以他们的安全生产经验也相对更丰富，只要大家集思广益，就能有效地将各类可能发生的意外事故和紧急情况等全面考虑在内，再经过归纳总结，便会快速地提升全体成员的安全防范意识。

应急管理是生产事故预防系统的重要组成部分，也是规范安全生产工作的重要组成部分。要想真正地保证班组成员的生命安全和企业的财产安全，就必须做好事故前的安全预防、事故中的应急预案和事故后的调查处置。

事前预防，要在安全教育、安全活动方式方法上尽量"接地气"，要切实地把保证班组成员自身的安全当成安全教育的目的，杜绝喊口号、做样子，把安全教育推到高处，那样只会让班组成员觉得"安全"

与自己距离太远。

在预防上，要让班组成员意识到讲安全不单单是个人的事情，更关系到自己的家庭、企业和社会，从而让组员不知不觉地主动接受，主动反思自己在工作中的一切不安全行为，让"预"和"防"有效结合起来。

事中应急预案，是指班组成员按照岗位的工作内容预测可能发生的事故，并运用科学的方法找出切实可行的预防措施以及事故发生后的应急处理方案。比如，班组的调度部（库房）准备搬运物品，就有可能出现班组成员被物体砸伤的情况，所以就要有相应的预防措施：

作业前检查各类机械及工具，一旦损坏，要快速修好再用；

搬运物品轻拿轻放，严禁乱摔乱砸；

多人共同搬运物品时，协同合作，专人指挥；

使用滚杠搬运重物时，要有专人指挥，滚杠合理摆放，避免压手；

装卸成堆的物品时，严防货物倒塌伤人；

卸车后，要把物品堆放整齐。

当发生物体砸伤事故时，首先应马上抢救伤员，注意人员受伤处，轻抬轻放；同时要保护好事故现场，并马上报告给安全部门。

不难看出，建立起全面、完善的事中应急预案，会让班组成员形成必要的应急准备、心理准备和工作准备，并能有效控制危险和危害程度，把损失降到最低。

事后处置，指的是要在事故发生后进行必要的总结评估。任何事故和灾难的发生都有其规律，经过总结经验、吸取教训，及时修改事中应急预案，才能做到有效预防、精准预防。

加强应急管理对于班组安全作业意义非凡，更是创建质量信得过班组，或被评为质量信得过班组的必要前提和基础。相反，如果在作业过程中忽视了安全风险，不重视应急管理，就必然会受到相应的惩罚。

☆★☆★☆★☆★☆★☆★☆★☆★☆★☆★☆★☆★☆★☆★☆★

　　2022 年 3 月，江苏省无锡市新吴区应急管理局接到群众举报，称一家毛线制造加工企业生产现场粉尘四溅、环境混乱，存在重大安全隐患。接到举报后，新吴区应急管理局马上对举报内容进行核实。调查后发现，该企业的确存在重大生产安全事故隐患：未制定涤纶（聚酯纤维）粉尘清扫制度，也没有及时清扫现场积尘；除尘系统用正压吹送粉尘，并且没有做好相应的防范点燃源措施……诸如此类的安全隐患还有很多。归根结底，他们并没有把应急管理当回事。

　　新吴区应急管理局当即下令该企业暂时停工，马上排查事故隐患，并对企业及相关责任人员处以近 10 万元的罚款。

☆★☆★☆★☆★☆★☆★☆★☆★☆★☆★☆★☆★☆★☆★☆★

　　诸如此类的安全生产违法行为不胜枚举，当事人及当事企业安全意识薄弱，没有正确看待应急管理是造成这一违法行为的根本原因。因此，班组必须提高警惕，认识到应急管理的三个特点。

　　第一，管理的重要性。处于生产一线的班组是否具有很强的应急管理能力，直接反映了企业的应急管理水平，原因是班组是企业应急管理决策的直接执行者。有鉴于此，班组要立足于企业的应急管理方案，根据作业现场实况做出相应的调整。

　　第二，岗位的危险性。生产一线总是充斥着各种未知的危险，班组成员的工作岗位本身也具有较大的危险性，所以必须提高警惕，懂得预防。

　　第三，应急的有效性。简单实用的班组应急管理措施，对于预防事故发生、提升事后紧急处置能力会起到十分显著的效果。

实践是检验真理的唯一标准，再全面、有用的理论也必须能够指导实践才更有价值。所以，班组长有责任带领全体成员积极参与应急预案演练，比如触电事故应急处置方案演练，中毒、中暑应急处置方案演练，火灾爆炸应急处置方案演练等。对平时工作中常接触的物品及环节进行应急预案演练，可以极大地提升全员的安全防范意识，避免作业现场各类安全事故的发生。

☆★☆★☆★☆★☆★☆★☆★☆★☆★☆★☆★☆★☆★☆★☆★

> 某厂维修工段为了保证电力线路和电气设备在高温雨季安全平稳运行，组织电仪班组进行了电力室、变压器室的应急预案演练。
>
> 班组长综合考虑了平时工作中可能出现的各种情况，详细布置了演练内容，更强调了应对突发情况时的注意事项和必须回避的事项：如发生火灾后，要马上断电，并向班长、处领导、公司值班调度和电网地调汇报；断电涉及的系统或局部系统需停电时，必须遵守倒闸操作规程。发生电气火灾时，一定要使用二氧化碳、四氯化碳，或干粉灭火器灭火，喷嘴和人体与带电体之间要保持一定的安全距离；必须剪短低压线路时，要事先穿戴好绝缘靴、绝缘手套，并使用带绝缘手柄的工具等；灭火后，要全面检查现场，彻底消灭残火，并妥善保护火灾现场；最后，根据现场具体情况制订妥当的处理方案，不能及时恢复送电，影响系统正常生产时，要通过改变系统运行方式恢复送电，同时组织力量集中修复，等等。
>
> 通过这次演练，该班组全员进一步提升了处理突发事件的应变能力，更从心底认识到了应急预案的重要性和现实意义。

★☆★☆★☆★☆★☆★☆★☆★☆★☆★☆★☆★☆★☆★☆★☆

在质量信得过班组创建过程中，应急预案管理往往被忽略，难以引起重视，这主要是因为很多人对于未发生的事情存有侥幸心理，觉得事情不会那么凑巧发生在自己身上。因而，一旦发生事故，常常手忙脚乱，不知所措。

应急预案管理，是企业管理的重要一环，要落在实处、抓在细处，绝不能因为其着重于对未知事件的预防便放松警惕。在班组工作中，要制定规范化、科学化的应急预案，以确保班组现场工作顺畅、安全、"零事故"。

第五章

护设备，用心养护才能出高效成果

设备是生产的基础，也是企业生产的重要组成部分，确保设备的正常运行至关重要。养护设备，就等于为班组生产保驾护航，质量信得过班组建设有赖于设备性能和效能是否正常发挥。为此，班组必须制订严格的设备养护制度和规范，合理使用设备，不让设备超负荷运行或"带病运行"，同时加强日常排查，及时消除各种不安全因素，并实行设备的"三级保养制"，以保为主、保修并重，从而让设备达到最佳运行状态。

1. 合理使用，提升设备运转效率

设备是班组进行生产的重要物质基础和保障，设备只有用得恰到好处，才能发挥出最大效用，创造出最大效益。反之，如果用得不恰当，抑或在设备出现故障的情况下继续使用，那么不但发挥不出设备的高效作用，更会严重影响产品质量，乃至于发生重大安全事故。

每台设备都有它的"服役期限"，要想"延长"这个时间，就必须合理使用设备，减少不必要的故障和维修频次。因此，在使用设备时，班组必须根据设备设施的相关规定，把相关工作分解到班组成员，并结合班组使用设施设备特点，建立系统、科学的设备管理制度和流程。这也是质量信得过班组对于设备设施的明确规定，作为班组长要积极落实，督促班组成员严格遵守必要的操作规程。

第一，合理配置设备类型

设备的类型应根据企业生产特点和工艺过程进行合理配置，比如制造各类机械产品及零部件的机器制造的企业，在配置设备时要充分考虑产品的结构和工艺特性，并结合不同的生产组织形式为各车间及班组配备适合的设备。这一点是从企业的角度出发的。

第二，适合的生产任务

班组长要熟悉各种设备的性能、结构和技术特点，安排适合的加工任务。不同的设备因性能、结构、精度和使用范围的差异，而有不同的使用场景，班组长要充分考虑到这些特点，以免造成设备的浪费，比如设备超负荷运转、加速损坏等。

第三，合适的操作人员

根据设备的特点配备合适的操作人员是保证设备在最佳状态下运行的有力保障，操作人员必须熟悉并掌握设备的性能、结构、工艺及使用范围等，也要掌握一定的基础维护、保养技术，严格遵循设备的操作顺序和规定，杜绝违规操作。为此，应制定专门的设备操作规程，并以此来培训新进操作人员、维修人员和管理人员。

（1）标准化操作：对于新进操作人员，进行统一的培训和考核，考试合格后上岗操作。

（2）设置锁定装置：在电脑上设定程序，或在设备上安装异常操作锁定机构，确保设备在正常操作下正常运行，并在操作键盘上设置透明保护罩或护板，如此既能看到设备的正常运行状态，又可以起到保护作用，即便操作员误触也不影响设备运行。

（3）禁止非设备操作人员操作：制订"非操作人员严禁操作"制度，违者重罚，并在设备旁边设置警示标牌。

（4）异常操作补救措施：预先制订异常操作后的补救措施，并对操作人员进行培训，当发生异常操作后，也能最大限度降低损失。

第四，营造良好的运作条件

良好的设备运作条件可以保证设备用得更久、更高效，所以有必要保证设备在一个相对整洁、正常的生产环境和秩序下运行。为此，不妨为设备配置必要的测量、控制和保险用仪器、仪表装置；安装防护、保安、防潮、取暖和降温装置等；精密设备要配备独立的工作室，且保证工作室的温度、湿度、防尘、防震等达到要求。

第五，校正精度

一些专业设备需要经过精准校正才能更好地使用，通常需要做好精度校正的设备包括：生产工艺设备、辅助生产设备、检测设备等，在校正时，不同的设备也要遵从对应的校正标准。

校正分为内部校正和外部校正：内部校正是由企业内部具有校正资格的人员，依照"标准校正作业"的要求进行精度校正。内部校正的周期短、费用低，且随时可以对设备进行校正，十分方便。外部校正则是对内部校正的"弥补"，当设备需要更高的精度校正，内部校正人员无法完成时，就要聘请国家或行业认定的计量机构来校正设备。外部校正的精度高、校正周期长，费用相对较高。

第六，恰当的教育培训

班组长及设备管理人员，要定期针对操作人员开展正确使用和爱护设备的教育培训。操作人员对设备的爱护程度，关乎着设备的使用以及设备效能的发挥，所以对操作人员进行思想教育和技术培训势在必行。通过教育培训，操作人员能够自觉养成爱护设备、正确使用设备的风气和习惯，并能使设备保持整洁、干净、润滑、安全，始终处于最佳状态。

★☆★☆★☆★☆★☆★☆★☆★☆★☆★☆★☆★☆★☆★☆★☆

某水电厂打算做1号机励磁调节器模拟PT断线切换试验，根据工作要求，需要让1号机空转。当时，班组成员华某负责监护，于某负责操作，让1号机保持开机空转状态。他们的操作流程是：1号机调改为"自动"方式，开限打开约为50%，按"电调启动"按钮，机组启动，等到转速上升到30%额定功率时，却听到了异响。

经检查发现，1号机风闸没有被解除，是由于改成了"纯手动"方式，自动停机流程自动退出，风闸还保持着加闸状态，所以他们马上将开限全关，投入"事故电磁铁"，手动解除了风闸。之后打开风洞门进行检查，发现其中有较大烟雾。转子制动环板也有多处焊缝裂开，环板因为磨损发热局部变色，风闸闸板更被严重磨损，就连风闸形成挡板也有 5 块脱落。最后通过全面检查和清扫处理，才使得机组正常并网运行。

事后调查这起设备故障时发现，组员于某在开机之前没有认真检查 1 号机，因机调改为"纯手动"方式时，自动停机流程已经自动退出，流程没有走完，风闸却处于加闸状态（流程结束 30 分钟后自动解除），便进行无票手动开机操作，这是导致这起设备事故的直接原因。

监护人华某在操作前未向当值值长汇报，直接下令按下"电调启动"按钮开机，以及现场同时开展多项工作、统筹做得不够细致周到等，是造成此次事故的间接原因。

从这个设备使用不当的案例中我们可以看出，不严格按照设备操作流程和标准进行操作，不但无法发挥出设备的效能，还会损耗设备，造成不必要的损失。

企业安全生产有赖于精准的设备管理，不认真按照设备的操作要求作业，在设备启动前没能做好充分的准备，也就难以保证安全生产。根据相关安全事故统计，除去个别人为因素外，超过 80% 的安全事故都是因为设备不安全因素引起的，尤其是一些压力容器、动力运转设备、电气设备等。因而，确保设备良好运行，就会消除大多数事故隐患，为安全生产保驾护航。

在杜绝设备的不当使用方面，班组长应着重注意几种常见情况。

第一，边操作边学习。班组中总有对操作人员而言相对陌生的设备，有些操作人员过于相信自己的经验，不看操作说明书便盲目操作，试过几次后没发生故障，便认为自己掌握了设备的操作技巧。殊不知，很多设备的磨损就是发生在这样的盲目摸索中。所以，班组长要再三嘱托操作人员，要对设备有详细的了解后再上手操作。

第二，设备长时间超负荷运行。即便是机器也要定期维护和保养，所以班组要有恰当的生产计划，避免机器设备"只工作、不休息"，同时要重视对设备的精心养护。

第三，不恰当的设备维护方式。设备维护是一项"技术活儿"，要严格按照《设备维护手册》进行，且要有专人进行日常的清洁、上油、定期更换磨损件等。

第四，违规操作。不少操作人员都有过违规操作设备的经历，这会减少设备使用寿命，更容易引发安全事故。班组长要督促操作人员严格执行《设备操作手册》，配置锁定设置，并在设备旁竖立警示标志，避免无关人员擅自触动设备。

第五，更改设备使用用途。每种设备都有各自的使用用途和范围，不得擅自改变，若必须改变，也要在改变之前明确改变原因，以及改变后会有怎样的结果，是否有助于提升产量、质量等。

设备是生产力的重要组成部分和基本要素之一，也是企业从事生产经营的重要手段和工具。要建设质量信得过班组，必须保证设备正常、稳定地运行，班组长要时时与设备维护部门协调一致，督促操作人员合理使用设备，并做好设备的维护和保养，确保其处于最佳运行状态。

2. 细心养护，让设备保持最佳状态

在严格按照《设备操作手册》合理使用设备的同时，定期或不定期地对设备进行细心养护，也关乎着设备的精度、故障率和作业率以及加工产品质量的高低，继而班组的生产效率和经济效益也会受到影响。因而，为了确保既不影响生产，又能减少设备的磨损，使其常保良好状态，对待设备就必须以养护为主、维修为辅。为此，要做到设备管理的

"三好""四会""五定"。

（1）"三好"，即管好、用好、修好。

管好：设备操作人员有保管设备的责任，不经班组长及相关管理人员的许可，不允许他人擅动或使用设备；由专人保管设备的随机附件、自购配件和更换的配件，确保无丢失、损坏；启动设备后，操作人员不得离岗，因事离岗要停机停电；设备出现故障后，马上停机断电，保持现场，不隐瞒任何关于设备事故的细节，并及时上报相关人员。

用好：严格遵照设备操作规程使用设备，杜绝精机粗用、大机小用或过载使用；不带故障运行；严禁脚踏设备、故意损坏设备，各种工具、量具或加工零件切勿放置于机身导轨面上。

修好：操作人员需积极参与设备的修理和各级养护，以便更熟悉设备构造、了解设备性能；维修前主动反映设备具体情况，维修后认真试行；操作人员应具备识别设备基本故障的能力，并采取适当的应对措施。

（2）"四会"，即会使用、会保养、会检查、会排障。

会使用：操作人员应充分了解设备的性能结构；新进操作人员要在专业人员的指导下才能操作设备；操作设备时集中精神，严守操作规程；熟悉加工工艺。

会保养：按规定为设备加油、换油、清扫；保证设备内外清洁，无油垢、无锈蚀，达到"漆见本色铁见光"。

会检查：开启设备之前，检查各操纵部分、限位器等是否灵敏可靠；设备运行过程中，检查有无异响，是否存在故障隐患，发现问题后立即停机检查，与维修人员一起分析原因；设备停工后，检查与加工工艺相关的精度是否存在偏差，并做简单调整；按规定项目和方法检查设备各部分运行情况。

会排障：排障即排除故障，根据设备运行状况判断设备是否出现异常，若发生异常，能够指出异常部位和原因，同时上报相关部门；在电工指导下，熟悉设备电气系统，能够协助电工排除部分故障；当出现事故时，及时上报相关部门，填写事故报告单。

(3) "五定"，即定点、定质、定期、定量、定人。

定点：确定每台设备的润滑部分及润滑点，确保清洁无损，定点给油。具体包括：标注设备的润滑部分和润滑点；参与润滑工作的操作人员、保养人员应对设备的润滑部分和润滑点了如指掌；润滑加油严格按照标准给油。

定质：设备的润滑材料必须保证品质和质量，按规定的润滑油种类给油，并保证润滑装置、加油器具的清洁。具体包括：按照润滑卡片、图表规定的润滑油种类及牌号加换润滑油；确保加油部位的干净、清洁、无污染；对润滑油实行入库过滤、发放过滤和加油过滤"三过滤"规定，保证油质的洁净度。

定期（定时）：按照润滑图片或图表规定的时间加油、换油，并对大型油池按周期取样检验。具体包括：设备工作之前操作工人必须按润滑卡片的润滑要求检查设备润滑系统，对需要日常加油的润滑点进行注油；设备的加油、换油要按规定时间检查和补充，按润滑卡片的计划加油、换油；对于大型油池，要按规定的检验周期进行取样检验；对于关键设备或关键部位，要按规定的监测周期对油液取样分析。

定量：在确保设备良好润滑的基础上，按照日常耗油量定额、定量换油。具体包括：按规定数量注油、补油或清洗换油；尽量保证设备油量可视化，便于了解加油量的多少；在确保润滑到位的前提下，也可进行定量消耗和废油回收，避免浪费和污染。

定人：每台设备的什么部分由谁来负责加什么油。专人负责的好处在于更熟悉设备的运行状态，可以充分了解设备的保养频次和方法以及使用寿命。具体包括：操作人员负责对设备日常加油部位进行班前和班中给油，并检查润滑油池的油位，发现不足时及时补充；润滑人员负责，操作人员参与，共同按计划对设备油池进行清洗换油；维修钳工负责定期检查设备润滑系统，且要治理漏油、渗油；维修电工定期检查电动机轴承部位的润滑情况，及时更换润滑油。

"工欲善其事，必先利其器。"保证设备良好、平稳地运行也是保证企业安全生产、提升生产力的前提，而活用设备养护的"三好""四会""五定"，更是确保质量信得过班组生产高枕无忧的关键。

☆★☆★☆★☆★☆★☆★☆★☆★☆★

林宇（化名）在某石油天然气公司两大生产班组——库区班和码头班担任班长，他不是设备专业人员，可常年在一线工作，对公司的设备非常熟悉，也在实战中总结出了一套设备养护经验。他深知公司地处海岛海边口这样的特殊地理位置，对设备养护工作提出了更严峻的考验。为了确保设备运行无障碍，几年下来，由他主导制订的一套设备养护机制既有助于设备高效运行，更有助于提升生产效率。该设备养护机制具体如下。

第一，制订计划。完善且可行的设备养护计划是顺利推进工作的前提，包括生产设备部计划与班组计划；长期（年）保养计划、中期（月）保养计划和短期（日）保养计划；全年不定期保养计划与春秋集中保养计划；设备的外部保养计划、内部保养计划和定期运转检查计划；外部单位保运工保养和组员保养计划等。

第二，实行责任牌制度。在主要设备上安置"责任牌"，将设备保养工作落实到班组及每名组员。除了检修，日常的养护工作全部交由责任人负责，若责任人无法处理某些问题时，由责任班组解决，班组无法解决的问题上报到生产设备部门。

第三，做好台账管理。对每一项设备养护工作都要形成详细记录，并对不同设备进行分类、分样记录，保证记录的真实性、完整性。

第四，做好新设备的预防性保养。码头上的恶劣环境对设备的腐蚀性危害更大，所以新设备要做好紧固螺丝上油、套上

PC 管和设备外罩等养护工作。为了延长设备使用寿命，公司在采购新设备时，要尽量选择质量更高的，比如采用不锈钢螺丝的设备。

第五，信息反馈。班组长要在每周生产例会上向生产设备部门汇报养护原因、进度和存在的困难等。

第六，建立质量监督机制。养护设备不能随心所欲，要严格按照各项要求，否则非但起不到养护的效果，反而会损坏设备，所以有必要建立质量监督机制。具体来说，对设备外部保养时应避免在阴雨天进行，保养前确保设备表面除锈彻底；油漆薄厚适当，刷油工具交替使用等。

有了这样一套设备养护机制，班组就可以最大限度地延长设备使用寿命，也为日后进一步推进设备养护工作夯实基础。

★★★★★★★★★★★★★★★★★★★★★★★★★★★★★★★★★★★

设备是必备的生产资料，是企业生产的重要组成部分，设备养护不当，不能呈现出最佳运行状态，会极大地削弱企业的生产力，也更容易导致不良品的出现，这对企业的信誉也会产生不利影响。因此，作为设备的"第一责任人"——班组，必须承担起保证设备高效低耗的重担，时刻保持设备处于平稳运行状态，使其发挥出最佳效能。

🌿 3. 规范点检，摸清设备的每一环

在班组设备管理工作中，为了进一步提升并维持生产设备的原有性能，就需要对设备的关键部分，即各个"点"（或环节）进行及时检查，以便发现设备故障和问题。除了人的五感（视、听、嗅、味、触）

外，还可以借助各种工具和仪器进行点检，从而消除设备隐患、弥补设备缺陷、排除设备故障，更快地恢复生产计划。

点检的根本目的是维护和保障设备所规定的机能，一般会对容易影响设备正常运行的关键部位，比如外观性能、状态和精度等进行制度化、规范化的检测，做到早发现、早预防、早处理。

设备管理的关键就是点检，通过动态了解设备运行状况，可以进一步提升设备的可靠性。俗话说，"千里之堤，溃于蚁穴"，往往一个很小的设备问题就会造成巨大的损失，所以防患于未然，做好点检工作，才能从根本上保证班组的正常生产。

小周是某厂点检员，一次他照例向 3RH 操作人员了解设备的运行情况，操作人员告诉他，真空复压阀偶尔会有动作不良的情况，需要反复开关才能动作到位。凭借多年的点检维护经验，小周觉得这是设备发出的"报警"信号，所以他开始对设备进行检查。

首先，他拆掉了电磁阀，并未发现异常，因为阀体没有垃圾，密封元件也完好无损，上线后气源压力也没有异样，无泄漏。到底问题出在哪儿呢？小周左思右想。猛然间，他想起来前些时候有几名操作人员都曾提到，由 1#电磁阀箱控制的好几个阀门也出现过这种情况，不能一次动作到位，要开关几次才行。

为了搞清楚故障源头，小周当即强制动作了几个电磁阀，发现切换声音没有异常。又仔细想了一下，他不禁豁然开朗。原来，1#电磁阀箱安装在风口位置，时刻迎着穿堂风，且正值冬季，温度过低，电子阀内部的润滑油脂会发生凝固现象，继而阻力增加，导致阀芯动作不灵，必须多次开关才能解决。

很快，小周向有关部门汇报了情况，把 1#电磁阀箱整体移位，之后再也没有出现过那种情况。

点检并不意味着解决多大的问题，排除多复杂的设备故障，相反，在点检中遇到的很多问题可能都"不起眼"，可正是这些看似"不起眼"的问题却会为设备运行制造大障碍，从而影响生产。可以说，点检这一步骤是为了消除设备隐患，防止更大的设备故障发生，是一种有效的预防手段。

通常来说，点检有以下几种分类。

第一，按周期划分

日常点检：岗位操作人员或岗位维修人员负责。

短周期点检：专业点检员负责。

长周期点检：专业点检员提出后，委托检修部门具体实施。

精密点检：专业点检员提出后，委托技术部门或检修部门具体实施。

重点点检：设备出现运行故障或影响正常运行的疑点后，对设备进行解体检查或精密点检。

第二，按分工划分

操作点检：岗位操作人员负责。

专业点检：专业点检员、维修人员负责。

第三，按点检方法划分

解体点检：顾名思义，就是拆分设备，检查各个零部件。

非解体点检：检查设备整体情况。

在对设备进行点检时，也分为开机前点检、运行中点检和周期性点检三种情况。开机前点检，即确认设备是否具备开机条件，有无显而易见的影响设备运行的因素；运行中点检，即检查设备在运行过程中状态是否正常、各项参数有无异常等；周期性点检，即停机后，定期对设备进行检查和养护。

点检看上去是一项较为烦琐的工作，却十分重要，更是保证班组有序推进生产的重要一环，所以绝不能因为麻烦而不重视点检。

☆☆★☆★☆★☆★☆★☆☆★☆★☆★☆★☆★☆★☆★☆★☆☆★☆★

某炼钢厂点检员李伟（化名）是一个对工作十分认真负责的人，经过多年的一线工作，经由他手排除的设备故障不计其数，同事们都开玩笑地给他取了个"巧手李"的绰号，以此来夸赞他的点检水平。

一次，李伟在点检工作中遇到了一个大麻烦。他发现，厂里的炼钢3RH问题频发，比如由于设计的原因，插板阀倾斜布置，放料时就容易出现卡料现象；另外，插板与高温烟气直接接触，RH冶炼中冷热对流产生的水蒸气和粉末混合物也会黏结在插板和插槽之间，令插板卡死；再则，因为真空密封的要求，气缸处在真空烟气通道内，水和粉末的混合物一样会在气缸活塞杆的表面凝结，导致轴封失去效果，造成泄漏。

综合上述点检结果，李伟开始"对症下药"。起初，他采用过增设检修口、改进材质、优化密封方式等措施，可并没有取得理想效果，于是他只能改弦易辙，想其他解决办法。他想，既然插板阀不适合高温加粉尘的条件，与其费尽心思改进结构、材质等，倒不如弃用插板阀，重新设计一种合金挡板，只要这种挡板具备以下三个特征即可：

第一，新设计的阀门动作不能是直线运动，而应为旋转运动，以便解决卡料故障；

第二，把阀门受热面和密封面隔离开来，避免卡死；

第三，为避免活塞杆、密封受到气、尘的侵蚀，可将气缸移至真空系统外面。

按照这三个特征，李伟很快设计出了一种翻板阀，满足了工况需求，完美地解决了炼钢厂的问题。此后，这种翻板阀再也不曾发生过故障。

★☆★☆★☆★☆★☆★☆★☆★☆★☆★☆★☆★☆★☆★☆★☆★☆

在设备管理工作中，点检是基础更是重点，所以企业或班组有必要成立点检组，专门对各区域设备进行定期点检，通过生产前对设备隐患和故障的有效排查，确保设备永远处于最佳运行状态。

需要注意的是，在开展点检作业时，要牢记以下六要素。

（1）记录：负责点检的人员在点检过程中要详细地记录每一项点检内容，这样方便日后通过不断积累找出规律，解决更多潜在的设备问题。

（2）处理。按照标准更改、完善在点检中发现的问题，有暂时达不到规定标准之处，做好标记。

（3）分析。定期分析点检记录，至少每个月分析一次，对于重点设备要每一个定修周期分析一次，且每个季度都要至少对检查记录和处理记录做一次汇总整理工作，并做好存档备份。另外，每年都应做一次更系统全面的总结。

（4）设计。经过点检发现问题后，要进行必要的设计改进，规定设计项目，按项进行。

（5）改进。点检发现的问题要"责任到人"，由班组长统一安排，专人改进，从而确保工作的连续性、系统性。

（6）总结。总结是为了确保进度的无障碍推进，所以班组每半年或一年要系统全面地总结和评价过去一年的点检工作，并提出书面总结材料以及下一阶段的点检工作要点。

按计划、按步骤地开展点检工作，既是设备维修管理中的基础，也是延缓并防止设备劣化的重要方法，必须认真对待。

4. 加强巡检，避免设备"亚健康"

在设备管理工作中，点检与巡检通常会结合在一起，甚至是"点中有巡、巡中带点"的关系。巡检，即定时巡视，对设备的整体运行情况进行巡查，要求设备巡检员依据标准和生产实际情况找出设备存在的异常和潜在故障隐患等，从而为点检员提供设备故障点、部位和内容，便于点检员直接对重点、要点进行点检。可见，巡检可视为点检的基础，在巡检"遍撒网"的前提下，点检能够轻松"抓鱼"。

有了巡检提供的信息依据，点检的方向会更清晰、目标也更准确，从而避免了漏检或过度检查的情况。

巡检同样要求巡检员具备丰富的工作经验和超强的责任心，并要掌握多种巡检方法，以便快速了解设备运行情况，及时发现设备故障和隐患，采取相应的措施消除或防止其扩大，达到减少经济损失、确保设备安全运行的目的。

☆★☆★☆★☆★☆★☆★☆★☆★☆★☆★☆★☆★☆★☆★☆★

　　某车间原本没有专门的巡检员，"巡检"工作基本都交给了每一名当班的班组成员，一旦发现设备故障，就马上联系维修部门停机检修，通常一耽搁就是几个小时，严重影响了生产效率。为了进一步做好设备管理，提升设备运转效率，减少不必要的停机时间，该车间开始在各个班组推行一套行之有效的巡检制度。

　　首先，每日班前会结束后，维修班需要指派2~3名区域负责人，对整个车间的所有设备做巡回检查，尤其要全面掌握重点工序设备、单一设备的运转情况。在巡检过程中一旦发现设备存在疑难问题，马上向班组长汇报，并通知设备员或设备主任。

其次，除了巡检车间内的所有设备，风、水、电、气等也都包含在巡检范围；同时，也要检查设备的油位、导轨以及各部位的润滑、油脂等；还要监督设备操作人员是否正确操作设备，及时制止违反操作规程者继续工作，并上报设备员或设备主任处理；再则，在巡检过程中发现风、水、电、气出现跑冒滴漏现象要立即处理，有人为浪费行为则要及时上报设备员，进行处理考核。

最后，对巡检员进行必要的考核，包括每日巡检记录应有所在班组班组长的签字确认，而后将巡检中的所有问题一一记录并及时维修。有伪造签名或不记录问题者，对责任人进行现金处罚；有隐瞒问题导致设备发生故障等问题者，同样对责任人进行现金处罚直至行政处理；每个班组长都要无条件配合巡检员，及时提出设备存在的问题，记录在案，有拒不签字或发现问题不上报者，对责任人进行现金处罚；设备员每周要在设备巡检记录上签字，每个季度也要统一汇总、记录、保存，如有无法提供巡检记录或原始记录缺失时，要对责任人进行现金处罚。

通过这套巡检制度，该车间的设备管理工作取得了巨大进步，很多以往常出现的因设备故障而停机的状况大为改善。

与点检一样，巡检也是一种提前排查设备隐患和故障的有效方式，同样以"早发现、早汇报、早治理"为目标，从而确保整个设备系统处于正常的运行状态。

在巡检过程中，巡检员要严格按照"六步巡视法"来巡检设备。

第一，看。看是最直观地发现问题的方式，通过观察设备看得见的部位，以及外表变化来判断有无异常现象。巡视检查也是最基本的方法，所看的部位包括标色设备漆色、裸金属色泽、充油设备油色有无变化或渗漏、设备绝缘处是否有破坏裂纹或污秽等情况。

第二，听。带电运行的设备不管是静止还是运转，由于交流电压的作用，大多都能发出表明其运行情况的声音。正常运行时的声音平稳、低沉且均匀，这是交变磁场反复作用振动的结果。一旦这种熟悉的声音发生变化，训练有素的巡检员借助耳朵或专业的听音器械，比如听针，马上就能判断出具体的运行状态，从而找出问题，消除隐患。

第三，闻。当生产现场某些设备出现诸如绝缘烧损的焦煳味等特殊气味时，通过嗅觉，巡检员马上可以找出隐患源头，在这种情况下，鼻子可能比很多自动监测仪器还要灵敏。虽说人的嗅觉功能各有差异，但一般电气设备的绝缘材料因过热产生的特殊气味，很容易被大部分人所辨别。所以，在巡检过程中，闻到特殊味道要引起重视，找到发热元件的具体部位，对症查处，及时排患。

第四，摸。在确保安全的情况下，巡检员用手触摸电气设备以判断缺点及故障，也同样是一种有效的排患方法。不过要特别注意的是，有些设备会标明禁止手触，不只是因为易发生触电危险，还有可能对人身肢体造成伤害。另外，在可以触摸的部位，当用手背轻触时也应保证设备不带电且有良好的接地。

第五，问。机器设备是巡检人员打交道的对象，但这并不意味着只有设备本身可以反映出问题，通过多问自己和他人，同样可以发现很多潜在的设备隐患。多问自己，即在头脑中多打几个"问号"，带着问题进行巡检，可以有效避免漏检；多问他人，即在交接班过程中，询问上一班巡检员设备的运行情况，以做到心中有数，还可以通过询问设备操作人员来了解设备的运行状态，从而全面掌握设备的每一个细节。

第六，测。借助专业的巡检设备，比如点检仪，可以对设备进行有效检查。这种仪器主要由红外线测温仪和钳流表组成，能够及时测试并发现电气设备的绝缘故障以及电机是否高负荷运行。

通过"六步巡视法"，巡检员可以全面掌握设备的形状、位置、颜色、气味、声音、温度以及振动等方面的变化，从而快速、准确地发现各种异常现象，做出正确判断，以保证设备的安全运行。

随着科技的日新月异，很多班组在设备管理的点检、巡检工作中，早已摒弃了昔日落后的检查方式，向智能化迈进。比如，很多企业的班组已经由纸质巡检过渡到智能化巡检。纸质巡检固然有它的优点，但也存在很多弊端，比如不能及时提醒巡检、易出现漏检情况、易丢失单据数据、巡检结果不准及真实性不高、巡检数据等级与分析较困难等。

与之对比，智能化巡检管理系统却给巡检员带去了巨大的便利，巡检员无须拿着纸质单据填写，直接用手机便能完成设备巡检工作。手机上不但记录了各设备的巡检数据，发现异常后还可以马上在手机上整改登记，系统也会自动记录并报备，不会有信息记录不全或漏记等情况。

总而言之，加强巡检并辅以点检，通过"动静"结合的方式便能从源头解决问题，使设备发挥出百分百的效能。

5. 仔细排查，让设备无障碍运行

在班组设备管理中，及时、快速、高效地排除设备故障，确保设备无障碍运行是十分重要的工作内容，因为设备一旦不能正常运行，会直接影响生产，打乱生产计划，所以仔细、全面地检查设备，排除一切容易导致设备不良运行的因素就显得非常重要。为此，可以从两大方面着手。

保养

养护设备已经是一个老生常谈的话题，但仍然常谈常新，因为很多班组在设备养护上依然做不到真正的有效预防。归结原因如下。

第一，没有严格按照设备保养要求养护设备。比如，在清洁、摆放、润滑和安全等方面没有遵循操作规范和标准，导致设备出现漏油、漏水、漏气；油壶、油杯不全；设备配件、工具、工件等码放不整齐；设备防护装置破损、保险装置无效；线路、管道混乱，电器电路存在漏电等情况。

第二，没有严格落实日常维护保养、一级保养、二级保养计划。日常维护保养，即设备操作员自己对设备进行保养，包括严守设备操作规程、班前按照日常检查项目照例检查、按规定为每个部位给油、班中巡检设备的主要部位、班后清洁打扫等。一级保养，即由班组操作者负责，必要时需专职设备维修人员配合所进行的保养，包括按照设备参数和要求，系统、全面地进行检查和养护；疏通油路、气路、电路，清理污垢灰尘；检查电器电路，紧固松动的零部件等。二级保养，即由维修人员主导，操作人员参与所进行的保养，包括解体设备某一部分进行检查和维修，更换或修复磨损件，清洗、换油、检修电气部分等。

第三，没有建立健全设备的日常检查制度。这项制度是预防性维修保养工作的有效方法，但有些班组并未建立或所建立的制度不够全面，导致操作人员不能定期、定时对设备做基础检查，为安全生产埋下了隐患。

第四，没有建立重点设备的维护保养制度。重点设备包括大型、重型、精密机床、数控机床、加工中心等技术含量高的设备，对这些设备除了进行普通维修养护外，还要遵从"四定"原则：定专人操作、定专人检修、定专门的操作规程、定专用的备品备件。

处理

在生产中，机器设备常常会在运行中出现各种问题，这是难以避免的，无论多精细化的养护都无能为力，毕竟预防的根本作用在于最大限度地减少设备故障，却不能彻底消除故障。设备需要运行才能发挥效能，恰恰很多故障只有在运行中才会出现，而班组生产最怕的就是设备故障，这时应该怎么办呢？冷静对待、妥善处理是最佳办法。

首先，及时处理设备故障。设备故障是因为某些设备自身或外界原因导致设备丧失正常运行能力，从而降低生产效率的一种情况。设备故障分为两类：突发故障与渐发故障。

突发故障，顾名思义，是在没有任何征兆的情况下突然发生的，面对这种设备故障，操作人员要马上按照操作规程采取恰当的应急措施，尽量减少损失，并上报给班组长及相关部门，同时做好故障和生产中断记录，等排除故障后马上恢复生产。

渐发故障，大多是在设备运行的过程中慢慢地形成的，如果细致检查就可以发现某些征兆，从而将这些隐患逐一排除。反之，如果对这些征兆不予理会，聚沙成塔，就会导致突发故障，影响生产。为此，在生产中对所有设备都应采取必要的状态监测手段。

状态监测可以分为主观状态监测和客观状态监测。主观状态监测，即操作人员通过触摸、耳听、眼看、鼻嗅来监视和判断设备的运行情况，一旦发现故障预兆必须及时采取相应的措施；客观状态监测，即通过科学方式进行监测，比如使用现代科学仪器、仪表等监测设备，以便及时发现设备异常，从而采取相应措施对故障部位进行检修维护，使设备达到正常的运行状态。

其次，及时处理设备事故。在实际生产中，我们无法百分百排除设备故障，所以设备事故便随之产生。设备事故是一种由非正常原因造成的损坏、停产或降低效能的现象。按照设备事故造成的损失大小来看，设备事故可分为重大事故和一般事故；按照事故造成的原因来看，则可分为责任事故、自然事故、质量事故和其他事故。那么，当发生设备事故时，应当采取何种措施呢？

第一，发生设备事故后，尤其是一些可对设备和人身安全造成巨大危害的重大事故，操作人员必须马上切断电源，确保停机，并保护好现场，同时上报给班组长及相关部门的负责人，绝不能隐瞒或破坏现场。

第二，班组长应与操作人员一同分析事故原因，在分析时要把事故发生经过和采取的应对措施真实地反映出来，不得虚构和隐瞒，以便找出原因。

第三，当明确了事故责任后，视事故大小及情节严重程度，给予事故责任人批评教育、罚款、纪律处分直至追究刑事责任等处罚。

设备管理关乎企业效益，提升设备管理水平也是降低成本的重要手段。因此要加强设备管理，培养全员具备养护设备的意识。

☆★☆★☆★☆★☆★☆★☆★☆★☆★☆★☆★☆★☆★☆★☆★

　　500KV察右中变电站所在地树林、灌木较为茂密，当进入三月份天气转暖时，鸟儿迎来繁殖期，变电站附近也成了它们的栖身之所。表面上看，变电站的工作人员每天都在鸟儿的叽叽喳喳声中工作十分美好惬意，可是有一个让人头疼的事情——小鸟们很喜欢停留在散发着热量的设备上，比如电容器、电抗器内，它们的身体很容易让无功设备支架发生短路放电，而且大量的粪便还会污染设备和环境，该怎么办呢？

　　经过观察和实践，员工们终于想到了解决的办法。他们利用鸟类怕光、怕声音的特性，在无功设备围栏周围安装了声光驱鸟器，这是一种通过太阳能发电的装置，可以全天候驱赶鸟类，让它们远离无功设备，从而保证了设备和环境的清洁，避免了设备发生短路放电情况。

★☆★☆★☆★☆★☆★☆★☆★☆★☆★☆★☆★☆★☆★☆★☆

排查设备不能局限于对设备本身的悉心维护，更包括对一切影响设备安全运行的因素的有效控制。设备对生产的重要性如同战场上"枪"对士兵的重要性，一旦设备出了问题，"生产大仗"绝无打胜的可能。因此，务必要做好排查，为设备的高效、平稳运行扫清障碍。

第六章

重安全，为质量信得过班组穿上"防护服"

安全是生产的根本，也是生产的第一要素，没有安全生产，一切都无从谈起。对于安全生产，怎么强调和重视都不过分，因此在质量信得过班组建设过程中要创新安全管理方法，全体成员都必须懂安全、知安全，人人都要认真执行安全规程，积极宣传违章的危害和可能产生的后果，把所有不安全因素统统排除在外。同时，要牢固树立"安全无小事"的思想和意识，规范安全监察工作，并在班组和企业中营造浓郁的"关爱生命、关注安全"氛围。

1. 完善安全制度，创建安全班组

安全是发展的前提和保障，更是生产的第一要素，离开安全，一切都将归零。因而，在建设质量信得过班组的过程中，安全也是必须给予高度重视的关键环节。在班组管理中，全体成员都要在企业有关安全的体系和方法指导下，不断提升自我安全意识，重视风险管控，同时建立健全安全生产责任制度，为创建安全班组保驾护航。

"安全第一，预防为主，综合治理"这一安全生产方针，应当成为现代企业创建安全班组必须遵循的重要原则。建立健全安全生产责任制度，对个人、班组，乃至于企业都有着非凡的意义。它是一项基本安全制度，也是班组安全生产、劳动保护管理制度的核心。通过这一制度，安全生产工作将从组织领导上统一起来，使得劳动保护工作事事有人管、层层有专责，人人各司其职、严防安全漏洞。

在建立健全并贯彻执行安全生产责任制度方面，要注意以下几点。

第一，无论是各级领导还是基层组员，都要形成安全生产的思想认知，强化贯彻执行安全生产责任制的自觉性、主动性；认真总结安全生产工作中的经验和教训，分人、分岗且分生产活动情况来明确职责范围；在制度落地上，也要与时俱进，随生产的发展、科技水平的提升而修改、完善安全生产责任制度；各级领导和职能部门也要做好监督工作，定期检查安全生产责任制度的落实情况，发现问题及时解决，对执行到位的班组给予表扬，对不负责任，敷衍塞责的班组给予处分和惩罚。

第二，落实安全生产责任制度，要制定一套与之相匹配的规章制度和条例，比如《班组安全事故管理办法》《班组安全违章处罚规定》等。

第三，为确保安全生产责任制的顺利建立和执行，还必须建立其他制度，包括：安全自检、互检、专检制度；安全惩罚制度；设备保养制度；交接班制度；巡回检查制度；设备操作制度；岗位练兵制度；安全活动制度；工伤、事故管理制度；危险管理制度；班组安全活动制度；等等。

第四，规范全组成员的作业行为。纵然安全生产责任制度再全面、细致，如果班组成员没有良好的作业习惯，达不到作业程序标准化、生产设备及安全设施标准化等，也仍然会存在巨大的安全隐患，所以规范组员的作业行为对班组的安全生产意义重大。

第五，完善监督机制。通过监督，既能确保规章制度的有效落地，又会对班组成员形成必要的约束力。安全监督主要包括以下几个方面：

（1）主管及安监部门要进行必要的监督和指导，保证班组工作的思路和方针无误；

（2）充分发挥班组群监员、安全员的作用，形成全方位的安全监督网络；

（3）明确组员参与安全管理的权利，形成人人都是制度的执行者、监督者的局面，且组员对一切违章作业和指挥也应享有制止权、举报投诉权。

建立健全安全责任制度，并加大贯彻力度，会确保各项安全制度在生产中发挥出应有效力，从而促进生产安全、有序地进行。

★☆★☆★☆★☆★☆★☆★☆★☆★☆★☆★☆★☆★☆★☆★☆★☆★

孔宪斌是冀中股份邢台矿开拓区掘进二班班组长，他所带的班组很有干劲，虽然组员们的学历不高，但个个都有一股肯吃苦、不怕难的劲头，不过组员们对安全问题没有形成正确的认知，常常摆出"事不关己，高高挂起"的姿态。

为了改变这种班风，孔宪斌开始在班组里实行"安全轮值员"制度，每名组员都有机会成为安全员，由此便能培养大家的细心和担当意识。在执行这项制度的同时，孔宪斌还辅以奖罚机制，不管是谁当安全轮值员，当天都会多挣两个"工分"；相反，要是出了什么问题，则工分减半。班组里还准备了一个小册子，专门用于记录在工作中发现的安全隐患和整改措施等。

制度虽然很好，最初执行时却困难重重，因为大家都在抱怨活儿干得太多，可坚持了一段时间后，大家都为自己悄然发生的变化感到欣喜。一名叫刘志可的组员发生的变化非常具有代表性。

一次，在工作面施工时，需要整修巷道，搭建临时支护。因为工具不足，大家就想应付一下，用木板随意挡挡，不耽误施工就行了。当时刘志可是安全轮值员，他不同意大家的办法，于是向其他班组借来液压支架和防滑梁，最终搭建好临时支护，保证了整修工作的安全和顺利。后来他说："要是以前，我也许就跟大家意见一样了，但自从实行安全轮值员以来，我深深感到自己肩上的责任有多重。"

孔宪斌的安全轮值员制度十分奏效，让原本并不重视安全的班组成员开始主动并有意识地注意与安全有关的各个方面，这是非常难得的。

责任到位，安全才能到位，而如何才能让责任到位，这就要求班组的每一名成员都能明确自己的责任，以保证自己的岗位安全。只有班组成员明晰了各自的岗位安全职责，知道该做什么、不该做什么，才能从根本上保证安全。

首先，班组长要明确自己的岗位安全职责。

　　班组长是班组安全的第一责任人，他的主要职责包括：严格执行企业与车间对安全生产的指令和要求；组织组员定期学习企业、车间关于安全生产的相关制度和安全技术的相关操作规程，严格遵守制度，避免违章；在每日班前会时要着重强调安全生产事项，且坚持班中检查、班后总结。同时定期开展班组安全活动日及宣传安全的相关活动；对新进组员进行必要的安全知识讲解和安全教育；重视班组安全检查，及时发现并消除安全隐患，上报且做好安全记录。此外，对已经发生的事故进行调查分析，事先落实防范措施；对生产设备、安全装备、消防设施等做定期检查维护，保证其正常运行；开展必要的班组安全生产竞赛，表彰优秀组员，总结适用于全员的安全生产经验；努力提升班组管理水平，做好班组的思想政治工作，矫正组员的不良思想，实现文明生产。

　　其次，班组成员要严格遵守安全守则。

　　安全，同样是班组成员的责任和义务，他们在保证自身安全的同时更不能忽视同事、机器设备和企业的安全，所以也非常有必要遵守安全守则。

　　班组成员的安全守则包括以下几点。

　　第一，坚决杜绝"三违"，确保做到"三不伤害"，始终把"安全第一"的理念牢记于心，严格遵守班组安全生产规章制度，做到自己不违章，也要及时制止他人的违章行为。

　　第二，进入生产现场后穿戴好防护服装，若从事有可能被转动机械绞碾伤害的作业，应避免戴手套、戴长围巾、佩戴饰物等；若从事对眼睛有害的作业，必须佩戴护目镜或防护面罩；若进入易发生物体打击的场所，必须佩戴安全帽，高空作业时必须系好安全带或设置防护网；在易燃易爆品作业现场必须穿戴防静电衣物；水上作业时，配备必要的救生衣、

救生器具等。

第三，上班前的四个小时和上班期间杜绝饮酒；作业现场严禁嬉戏打闹、睡岗或擅自离岗；孩童、无关人员禁止带入生产现场。

第四，熟练掌握各项安全技术操作规程，不断丰富安全生产知识，提升自我防范能力。

第五，作为组员，也要反过来对班组长进行必要的监督，在上班前班组长若没有进行必要的安全教育、不落实互保措施等时，组员可拒绝交班；防护用品未佩戴齐全，或佩戴不符合要求者，应拒绝其进入作业现场。

不同类型的企业自然有不同的班组，也自然有不同的岗位，而所属岗位员工便会有相应的岗位安全职责，比如班组安全员、设备技术人员、现场维修电工、铣工、起重工、电气焊工、产品检验员、化验检验员、司炉工等都有各自的岗位安全职责。无论哪种岗位，都必须建立健全相应岗位职责，严格遵守，确保班组工作的顺利开展。

班组安全制度建设，有赖于规范化、科学化、责任明确、严格履行，同时要紧盯过程，及时检查监督，辅以适当的奖罚机制，从而形成一个严密、高效的安全管理责任系统。

2. 提升安全意识，为安全生产保驾护航

如果说建立健全安全生产制度是"被动"地让班组成员养成重视安全的习惯，那么提升安全意识则是令班组成员由被动转为主动，学会自我提醒和警示，真正地把"安全第一"的理念贯彻落实。

在一个班组中，不断地灌输、培养组员的安全意识至关重要。缺乏

安全意识就意味着对风险没有全面的认知和警觉，也就无法做到提前防范，继而风险会轻易地转化为危险，造成事故。

★☆★☆★☆★☆★☆★☆★☆★☆★☆★☆★☆★☆★☆★☆★

　　一天，某公司在进行拆除污水总管作业，班组长张某带领自己的班组负责拆除作业，但在作业之前他并没有制订井下封堵墙拆除专项施工方案，也没有安排安全监护人，只随意安排了两名施工组员到井下进行封堵墙的拆除作业。由于没有明确的规定和其他注意事项，两名组员在没有佩戴防毒面具和安全带的情况下便带着工具下井，结果在井下吸入了大量硫化氢，中毒晕倒在污水井中，最终溺水身亡。

　　无独有偶，某市一家化工厂原系当地民用爆破行业中的骨干企业，整体规模位居行业第一。可是，由于生产车间的一个班组操作不当，发生爆炸，致使 10 多人死亡、20 多人受伤，造成的财产损失达 700 多万元。

　　事后，在调查事故发生的原因时，发现原来是长期不合理因素的集中爆发才酿成这次惨剧的。当时厂里的机器经常超负荷运转，报警声更是频频响起，偶尔还会有设备发热烫手的情况，按照相关规定，当出现第一次、第一种异常时就必须马上停工检修，可相关领导却为了尽快完成客户订单而不停地赶工，正常生产，这自然为事故的发生埋下了巨大的隐患。最终，爆炸产生的巨大破坏力既摧毁了厂房，也损坏了很多设备，造成了巨大的损失。

★☆★☆★☆★☆★☆★☆★☆★☆★☆★☆★☆★☆★☆★☆★

不难看出，上述两起事故发生的主要原因都是因缺乏安全意识造成的。海尔集团创始人张瑞敏说："永远战战兢兢，永远如履薄冰。"这句话传递出了"防范""风险意识""保持警惕"的理念，这要求在班组管理中，必须把提升安全意识列为重点，并将其作为企业的一项永远要坚持并践行的课题。

提升安全意识，不局限于班组成员，包括班组长乃至于企业各级领导都必须绷紧"安全弦"，不放过任何存在安全隐患的细枝末节，严防死守，边落实安全制度，边提升安全意识，从而保证人身安全和生产安全。

一般来说，在生产中，人的不安全行为多表现在四个方面。第一，无视安全操作规程，比如在操作中没有明确的安全指令、不遵循安全规程作业标准或冒险进入危险场所等。第二，不遵守劳动纪律，具体表现在工作时间嬉戏打闹、睡岗、脱岗、串岗等。第三，错误操作及错误处理。比如，在进行起重、运输和检修等作业时，信号不清晰、报警不明确。错误处理重物、高温、高压及易燃易爆物品，错误操作有缺陷、瑕疵的工具等。第四，个人防护用品未能正确使用或根本不使用等。

每个人的不安全行为表现都不尽相同，可归根结底，造成种种事故的根源即在于安全意识淡薄，缺乏足够的责任心，所以班组进行安全管理的第一步就是提升组员的安全意识，这也是保障生产安全、杜绝事故发生的有效措施。

从心理学角度看，培养安全意识也是一个注意力开发的过程，当人们对某一件事给予高度重视，便会因此产生对应的行为，最终形成习惯，并在大脑中产生某种意识。所以，当班组成员把生产安全看作常规并养成了安全习惯，也就会自然地形成一种安全意识。

"洪水未到先筑堤，豺狼未来先磨刀。"确保安全生产的关键在于有效排除不安全行为、不安全的生产设备操作、不安全的环境等，这也是保障财产和生命安全的必要手段。因而，必须时刻感到危机四伏、险象环生，快速提升风险防范意识，更要事先做好应对风险的防范措施。

某矿检修班班组成员叶某与孙某一同检修电焊机。叶某让孙某拆除电焊机二次线，自己负责拆除电焊机一次线。当天中午时分，叶某蹲在地上拆除电焊机电源线中间接头，在拆除一相后，继续拆除第二相的过程中意外触电，后经抢救无效后身亡。

叶某在该矿工作十余年，是一名资深员工，一直从事电气作业，还因此获得了高级维修电工资格证书。可是在此次进行拆除作业时，他却忽视了事先进行安全风险分析，在拆除电焊机电源线中间接头时，还没有检查确认是否断开了电焊机电源，便贸然在电源线带电且缺少绝缘防护的情况下作业，最终触电。造成这次事故的主要原因就在于叶某安全意识淡薄。

"安全第一"不是一句口号，绝不能说说而已，班组与企业必须树立一种生存理念，教导所有员工时时关注各种安全细节，杜绝一切生产中出现的不良情况，强化安全意识，无论何时都要把安全作为头等大事，任何影响安全的问题都要在第一时间解决，如此才能牢牢把握一切思维和工作都围绕安全这条主线、服务安全这条主线。

然而在现实中，很多班组成员都有着"说起来重要、做起来次要、忙起来不要"的伪安全意识，在没有事故发生时，他们更会进一步强化这种意识，认为危险、风险离自己很远，不会那么轻易发生。可是，当风险靠近，事故发生时，他们才会悔不当初，意识到一个小小的疏忽会酿成大祸。

安全意识必须内化于心、外显于行，若不能时刻紧绷安全意识的弦，就不可能弹奏出平安快乐的乐章。班组长在工作中要时时强化组员树立"安全事故可防可控、必防必控"的理念，这样才会让基层班组获得健康、稳定的发展。为此，班组长可以从以下几个方面入手。

第一，加强法律法规的宣传教育。

班组长在做好安全生产的同时，要善于利用舆论工具和各种会议组织班组成员集中学习《中华人民共和国安全生产法》或与班组生产范围相契合的安全制度及措施，以提升组员安全生产积极性。

第二，制定必要的奖罚机制。

班组长要有"铁手腕、铁面孔、铁心肠"，该奖的奖、该罚的罚，用制度约束组员的行为远胜于时时刻刻的语言叮嘱，只有当组员意识到自己要为不当行为产生的后果负责时，才会认同制度并遵守制度。

第三，加强"四无""四保"工作。

"四无"，即个人无违章、班组无轻伤、连队无重伤、企业无死亡；"四保"，即个人保班组、班组保连队、连队保企业、企业保集团公司。在班组日常管理中，班组长必须常念安全经，让组员自然地形成安全生产习惯，同时有效落实"四无""四保"工作，确保安全生产。

第四，用科技武装生产，促使组员随着新设备、新技术的不断运用，多学新知识、新技术，不断找出工作中的不足和缺点，快速提升自身技术能力与判断力，以科技促进安全生产。

第五，强化环境意识。舒适的环境会让人心情舒畅，所以组员既要保证个人工作岗位区域内的环境，也要重视对整个厂区环境的保护，毕竟身处于一个脏乱差的工作环境中，人的安全意识也会大打折扣，同时也不利于提升工作效率。

班组安全工作到底是好是坏，与班组成员是否具有安全意识密不可分，只有全员都树立起较强的安全意识，重视每一个工作细节，做到不忽视、不遗漏，才能保证安全生产顺利开展，且让作业现场的组员安全真正有保障。

3. 开展安全教育，助力生产零事故

在班组安全生产过程中，安全教育是一项基础且十分重要的工作，它是保证建立安全管理长效机制的一项重要举措，更是提升班组成员安

全意识和操作技能的必要手段，因而，班组长必须提升全员对安全教育工作的认知，才能从根本上搞好安全生产。

既然安全生产教育是保证安全生产的重要且有效手段，那么班组长要怎样做才能确保减少安全生产事故，让全员都时刻保持安全警觉性呢？

首先，组织与安排。班组安全教育的目的性必须明确，在对组员进行安全教育之前，要深入了解班组安全现状，从而有针对性地组织和安排安全教育。比如，安全教育资料必须具有实操性，且能够引起班组成员的兴趣；班组长要充分地理解学习资料，提出问题，引导组员进行分析讨论；通过组员的探讨，进一步强化大家对各项安全教育条例的理解；学习结束后，进行必要的归纳总结。

其次，结合实际。应立足于班组实际情况对班组成员开展安全责任教育，培养并提升组员的安全责任感，让每名组员都能充分意识到自己在班组安全生产中应扮演的角色，从而让他们主动剔除自身存在的不安全行为。

安全责任教育的重要性突出表现在：组员可以通过这种教育提升安全生产自觉性和责任感，从而自觉遵章守纪，严格遵守操作规程。也就是说，当人的因素在安全生产中不再是不可控的导致事故的主要因素时，很多事故就可以从根本上避免了，由此可见安全责任教育的重要性。

★☆★☆★☆★☆★☆★☆★☆★☆★☆★☆★☆★☆★☆★☆★☆★

某化工厂在生产过程中曾发生一起中毒事故，最终造成一人死亡。事故当天凌晨1点多，硝酸车间浓硝工段三轮班工长刘某，在与一名王姓组员一起关闭高压釜岗位加氧阀时，未按照相关规定佩戴防护面具，心存侥幸的二人只希望凭借经验憋气，快速关好便回去。然而，由于在操作中发生偏差，刘某被一旁的高压釜大盖泄漏的氮氧化物气体呛了一口。按理说，吸入有毒气体后，刘某本应马上休息，联系相关人员接受治疗，以防止出现中毒，可是他没有把这事放在心上，只喝了一瓶炼乳缓解不适，之后便继续投入工作中。

在工作期间，刘某持续性出现咳嗽及腰痛症状，虽然曾到室外空气新鲜的场所短暂休息，但情况并无好转。待工段长上班后，便马上将刘某送往医院，接受输液和高压氧舱治疗。当日上午10点钟，刘某病情开始恶化，后经多方抢救无效后，于当晚8点死亡。

这本是一起可以避免的事故，却真实地发生了。导致这场悲剧的主要原因是刘某不顾操作规程，违章违纪，私自用自己所谓的经验开展具有危险性的工作，归根结底，还是他没有接受安全责任教育，从而缺乏必要的安全意识。

违章违纪害人不浅。曾有一句话形象地指出了违反操作规定的危害："违章操作等于自杀，违章指挥就是杀人！"这种说法并不夸张，因为从事故统计分析来看，80%以上的事故均是违章导致的。一次违章，可能导致身体留下永远的伤痛；一次违章，可能就此与家人天人永隔；一次违章，也可能导致无辜的同事失去原本鲜活的生命；一次违章，更可能让企业，乃至于国家遭受巨大损失。因而，落实安全措施、严肃劳动纪律、严格执行操作规程，才能确保每一名组员做到个人无违章、岗位无隐患。

在进行安全教育时，不妨把发生在班组成员身边的事故案例作为素材，这会让组员的认知更加具体，避免事故案例远离实际和自身，难以真正让组员引起重视。由此，组员会更容易从这些实实在在的事故案例中吸取教训，引以为戒，从而警钟长鸣。

一般来说，事故的发生会明显地暴露出在生产安全方面的漏洞，而且在发生事故之前，就已经凸显出很多不安全行为，这也正是安全教育要着重解决的问题。只有通过安全教育，让组员主动停止一切不安全行为，才能杜绝事故的发生。

★■★■★■★■★■★■★■★■★■★■★■★■★

　　首钢总公司运输部北京作业队车务作业区乙班曾发生一起严重事故，造成一人死亡。当时，乙班调车员正指挥机车冷剪南股东分头分五次连挂 10 辆废钢重车。车辆的顺序是：第一个货位 3 节车辆，第二个货位 2 节车辆，第三个货位 2 节车辆，第四个货位 2 节车辆，第五个货位 1 节车辆。

　　在连续完成四个货位车辆连挂，进行最后一辆废钢车的连挂时，一同工作的司机收到了调车员发出的红灯停车信号，随即停车。之后，他发现机车调车台红灯信号长亮，语音也不断发出"停车"的异常情况，当时负责瞭望的另一名司机马上去往被挂车辆附近查看，发现调车员已经当场死亡——调车员被倾斜变形的车辆防护栏杆挤在了第九辆和第十辆废钢车之间。

　　事故发生后，在调查时发现，原来调车员在车辆还没有停稳的情况下，违规进入运行中的废钢车和存在第五货位的废钢车之间的钩档处理问题，被正在运行的车辆所损坏的外探的栏杆挤压致死。他的行为既违反了"设备使用过程中的安全注意事项"第一条有关"车体严重变形、扭曲等情况下禁止挂车并汇报调度"的规定，又违反了安全规程第五十条有关"车辆在移动中不准进入钩档子，不准处理车辆故障"的规定。

★■★■★■★■★■★■★■★■★■★■★■★■★

事故的原因已查明，故去的人却不能复生。一次违规操作，不仅断送了自己的性命，也让家人承受着无尽的伤痛。安全生产无小事，每一次疏忽都会造成无法挽回的结局，所以安全教育必须先于生产，要在作业人员掌握足够的安全知识、具备足够的安全意识的前提下才能有序开展。

安全教育不拘泥于一种形式，要因地制宜，充分调动组员的热情和积极性，才能起到更好的效果。比如：可以组织班组成员进行现场安全检查，人员、设备、现场环境等都应列入检查范围，确保一切危险因素和隐患都被排查殆尽，没有一丝漏洞；开展反事故演习活动，以全面提升班组成员分析、判断、处理事故的能力；举办安全知识竞赛，加强班组成员针对安全这一主题的学习与交流；开办安全知识讲座，由班组长或专业人士向全体成员传递安全基础知识，解决他们关于标准化操作和反习惯性违章中遇到的各种问题和疑惑，提升全员预防事故的能力。

除上述几种常见的安全教育形式外，不同的班组也可以依据各自属于领域开展更有针对性的安全教育，但无论采用哪种形式，终极目的都是为了让班组成员通过安全学习，提升安全意识，以助力生产零事故。

4. 加强安全检查，确保生产有序进行

安全检查对于企业的生产和安全意义重大，更是保证生产人员人身安全、产品安全和消费者安全的关键环节。任何一个企业、一个班组都不能缺少必要的安全检查活动，通过安全检查，事故隐患会被辨识出来，从而有效控制，避免不良后果的出现。

班组安全检查通常包括生产工作中人的不安全行为、物的不安全状态以及环境的不安全因素等，安全检查可以最大限度地降低安全系数，保证作业现场成员的安全性，从而也能保证生产的有序进行。

在进行安全检查时，要遵守三个原则。第一，及时。安全检查必须

及时，要在问题发生之前发现它、解决它，将一切不安全因素消除在摇篮之中。第二，重点。进行检查的过程中要把握重点，关注重点问题，其他次要问题暂且不予考虑，或由相关人员负责处理等。第三，目的。安全检查要有明确的目的性，在检查之前就要明确检查项目，如此便能更快地发现问题、解决问题。

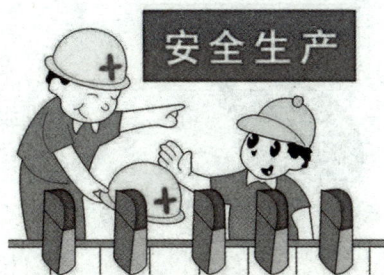

☆★☆★☆★☆★☆★☆★☆★☆★☆★☆★☆★☆★☆★

　　吴磊（化名）是一个对待工作认真负责的班组长，特别在安全问题上从不马虎，在开展每一项工作前都要进行安全检查。

　　一次，施工班进行外墙清扫作业。几名组员在脚手架上正在认真清洗，每个人都装备齐全，口袋里也塞满了施工中可以用到的工具。吴磊在例行安全检查时，看到大家的状态不禁十分高兴，可再看了一眼脚手架下面时，马上紧张起来。

　　原来，一名新进组员正在地面仰头看着缓缓上升的清扫桶，而桶里装着高浓度清洁剂，一旦不小心倾斜洒出来滴到眼睛或是皮肤上，后果不堪设想。更让人担忧的是，新进组员居然都没穿防护衣！

　　吴磊见状，马上走上前帮助新进组员拉起绳子，固定好清扫桶，让他回去穿好防护衣再继续工作。新进组员有些不情愿地回去穿了防护衣，吴磊这才把手中的绳子交到他手中。就在这时，只听"哗啦"一声，想不到悬在半空的清扫桶居然翻转过来，还好新进组员离得远，而且穿了防护衣，身上被溅到了一些，可并无大碍。在场众人见状，都惊出一身冷汗，幸好班组长吴磊到现场检查，不然后果不堪设想。

★☆★☆★☆★☆★☆★☆★☆★☆★☆★☆★☆★☆★

很多安全隐患都是因为忽视造成的，所以安全检查必不可少，同时安全检查也不是班组长一个人的事情。

一般来说，安全检查是由上级主管部门组织人员对企业进行检查，或是企业自己组织相关人员做内部检查，所以安全检查便可以分为这两个层面。其实，无论哪种检查，都不外乎对原材料购置、入库、保存、生产现场、销售中的成品以及质量安全等进行检查，更重要的是，在检查过程中必须注意以下几个要点。

(1) 检查人员要有责任心

不管是主管部门组织人员对企业进行检查，还是企业内部自检，归根结底都是要确保安全，所以检查人员是否有责任心才是重中之重，这会决定检查结果和效果。遗憾的是，一些安全检查人员在进行检查时只是走马观花，没有带着对职工生命负责、对企业财产负责的态度，而是形式大于内容，甚至即便看出了一些问题，也本着"多一事不如少一事"的原则，选择视而不见。试问：这样的检查徒有其表，如何能对生产起到保驾护航的目的呢？所以，检查人员必须有责任心和负责的态度。

(2) 检查人员要有专业性

有些检查人员有较强的责任心，也能坚持原则、照章办事。不过有时候他们却并不够专业，因为不少企业并没有组建专门的检查机构，只是从其他部门临时抽调一些人员组成检查队伍。这样的检查队伍缺乏专业性，甚至对检查内容和要点也不熟悉，又怎么能在检查过程中发现问题呢？所以，检查人员的构成既要包括实际从业人员和行政管理人员，也要包括专业人员等。

(3) 检查包括计划性检查和非常规检查

顾名思义，计划性检查即有计划地进行安全检查，以半个月或一个月为单位开展检查。在检查之前，通常会通知被检查机构或单位，检查对象也会在此之前做好充分准备，该整改整改、该打扫打扫。不过，这就会造成一种"假象"，因为提前通知就等于让一些问题被掩盖起来，等检查结束后，一切就会"恢复原状"，换句话说，如果有隐患，那么隐患仍然存在，并没有被排除。为此，非常规检查就派上了用场。

非常规检查也是一种"突袭检查"，即在没有事先通知的情况下进行检查，这样更容易查出真正的安全问题和隐患，从而也更能确保安全生产。

（4）检查要有科学性

科学的安全检查即遵从科学的方法，对生产系统进行科学分析，找出容易导致事故的全部因素，并制作表格，列出具体检查项目和内容，规定检查方法、明确责任人，这被称为安全检查表法，若与传统安全检查法结合起来，就会更大程度避免检查流于形式，从而达成检查目的。

（5）建立安全检查制度

安全检查制度，指的是企业在贯彻执行国家有关劳动安全法律、法规、标准和规定的情况下开展的检查，它是保证消除隐患、预防事故、改善劳动条件的有效手段，也是重要手段。它要求开展安全检查时必须有明确的要求和具体计划，且要遵从边检查、边改进的原则，此外也要确保检查内容的全面，包括思想、管理、制度、隐患、措施和教育等方面，全面检查，没有遗漏。

安全检查除了要查出问题，消除隐患，更有必要发现安全生产的典范，以此树立榜样，进行宣传推广，让全体成员从根本上树牢"安全第一"的思想，以推动安全生产工作的有序进行。

在明确了安全检查人员的各项要求和检查的目的、意义后，也要明确安全检查的具体内容。一般来说，安全检查包括以下几个方面。

第一，检查班组成员是否具有安全意识，其意义远大于检查本身，所有成员只有掌握安全操作技能、自觉遵守安全技术操作规程及各种安全生产制度，及时纠正不安全行为，做到安全文明生产，才证明有了安全意识，这是保证安全生产的重中之重。

第二，检查是否贯彻执行安全生产方针和法规制度。安全意识是主观因素，方针政策及制度是客观因素，它们会促使缺乏主动性的职工"不得不"严格执行安全规章制度和岗位操作规程。因此，在检查过程中一旦发现班组成员未能依规而行，班组长及相关管理人员必须给予适度处罚。

第三，检查现场物的状态。防护罩、防护栏、保险装置、设施、设备、工具、附件等都在检查范畴，确保它们完好无损、正常运行是检查工作的要点。此外要重视对易燃易爆物品和剧毒物品的存储、运输和使用情况的监督和检查。同时细心排查作业现场和施工现场的不安全因素，包括检查登高扶梯、工具摆放、设备的安全距离以及电气线路走向等是否符合要求。

第四，检查是否规范操作。在作业现场，忽视安全技术操作规程的现象时有发生，比如随意操作、缺乏安全指令、人为损坏安全装置等，因此在检查过程中必须重视规范操作人员的操作行为。再则，违反劳动纪律也是违规的表现。在检查过程中，也要对嬉戏打闹、脱岗、睡岗、串岗、滥用机械设备等现象引起重视。

检查只是手段，安全才是目的，无论采用什么形式的检查，以及检查内容多么包罗万象，归根结底在于消除安全隐患，保证人身安全和生产安全。

5. 消除安全隐患，切断一切危险源头

从大量的事故中我们似乎可以得出这样一个结论：即使再细致的安全检查，也无法将生产现场中的所有不安全因素全部排除，虽然这是安全检查的最理想状态，可现场总是充斥着各种变数。那么，这是否意味着要置安全隐患于不顾，甚至听之任之呢？

当然不是。一位工程学家对数千起工伤事故做过调查研究，最终发现其中98%的事故都是可预防的，且在这些可预防事故中，人的不安全因素为主要原因的占了98.8%，物的不安全状态，包括设备、物质等为主要原因的仅占1.2%，由此可见，大部分事故都可以有效避免和预防，关键就在于是否有完善的安全管理。

很多时候，安全事故隐患都是因为作业人员或生产经营单位违反了安全生产法律、法规、标准或规章，从而由隐患导致事故，甚至酿成惨剧。所以，忽视安全管理，不按照规程开展现场作业，永远都无法有效预防事故。

某公司曾发生一起废弃物焚烧锅炉沼气爆燃事故，导致锅炉两侧部分保温材料脱落，庆幸的是没有造成人员损伤。那么，事故是怎么发生的呢？

当天，锅炉炉膛温度只有82℃，按规定当温度低于600℃时，不允许向炉膛内供沼气。可是，锅炉操作工肖某一看温度这么低，就打算用点燃沼气加热的方法提升炉内温度。就在他

违规向炉膛内输送沼气时，锅炉没有发出报警声，这更让肖某觉得没什么问题。然而，由于炉内温度太低，沼气还没有在炉膛内被及时点燃，便与空气混合达到了爆燃极限，随之发生爆炸。

事后，在调查这起事故时，相关人员发现，原来这起事故早在一年前就埋下了隐患。那时，公司的技术人员曾对锅炉的安全联锁装置做了技术改造，不过没有对其设定严格的拆除权限，这就造成了操作人员会误以为可以自己随意拆除安全联锁装置。于是，车间的一位主操作人便在一年后私自拆除了这一装置，这会造成什么问题呢？一旦私自拆除，当实际操作中压力、温度和流量等不正常时，就没有报警信号，操作员也就无法做出判断，自然察觉不到异常情况。

另外，那名锅炉操作工没有熟练掌握废弃物焚烧锅炉的相关安全常识及操作要领，如同"门外汉"一般，所以当然不能进行安全操作了。

★☆★☆★☆★☆★☆★☆★☆★☆★☆★☆★☆★☆★☆☆

在生产经营中，安全隐患随处可见，它以潜在性、隐蔽性和不确定为主要特点，常常能躲过人们的视线，并且总是以安全状态为假象，更让人们掉以轻心。这就要求生产人员充分利用所掌握的专业知识，认真识别安全隐患。当发现隐患时，要运用科学、系统的分析方法进行定性和分析。

在消除安全隐患方面，全体班组成员都要掌握事故预防的要点，有针对性地预防各类事故的发生。鉴于不同班组和不同工作任务，事故的防患和预防要点也不尽相同，在此介绍几种普遍的事故预防要点。

机械事故：这类事故发生之后，轻者皮

肉损伤，重者筋骨受损、断肢致残，甚至有生命危险，所以，机械操作员必须掌握以下预防要点。

（1）检查机械设备是否配有可靠的不影响操作的安全装置；（2）检查各零部件磨损程度，是否有安装松动现象；（3）检查线路是否破损，接零接地是否安全可靠；电气设备是否有带电设备裸露在外等情况；（4）检查脚踏开关和重要手柄，发现问题及时上报并处理；（5）在操作时是否配备相应的劳动防护用品等；（6）操作设备前先进行空车运转，确认正常后投入运行；（7）确保刀具、工装夹具等安装牢固，不得松动，同时不可随意拆卸机械设备的安装装置；（8）机械设备运行时，切勿伸手调整、清扫、润滑等；操作员不可在设备运行期间离岗；（9）工作结束后，清理好现场，将各种零件、工装夹具归置整齐，保证设备的清洁卫生。

触电事故：这类事故是由人体接触高压或低压带电设备或导线引起的，为预防触电，要注意以下要点。

（1）操作人员须持证上岗，严禁非专业人员进行电气操作；（2）不随意乱动车间内的电气设备，发现设备出现故障，马上联系维修人员，不得擅自修理或带故障运行；（3）确保常接触的配电箱、配电板、闸刀开关、插座等完好无损、安全可靠，切勿有破损或带电部分裸露在外的现象；操作闸刀开关、磁力开关时，保证盖子盖好；（4）使用手电钻、电砂轮时，要安装漏电保安器，并保证工具的金属外壳防护接地或接零；而在使用单相手动电动工具或三相手动电动工具时，要确保导线、插销、插座符合三相四眼的要求；操作时佩戴绝缘手套，并站在绝缘板上；导线上禁止放置工件等重物，避免导线被压断发生触电；（5）确保所用行灯有较好的绝缘手柄和金属护罩，严格遵照安全操作规程，绝不能不懂装懂、盲目操作；（6）严禁使用临时线，必须使用时，要获得机动部门或安全技术部门批准，同时采取安全防护措施，并在规定时间内拆除；移动任何非固定安装的电气设备，比如电风扇、照明灯电焊机等时，都要事先断电；雷雨天气情况下，不靠近高压电杆、铁塔以及避雷针的接地导线 20 米以内，谨防跨步电压触电；（7）发生电气火灾时，马上切断电源，使用黄沙、二氧化碳、四氯化碳等灭火器材灭火，严禁使用水或泡沫灭火器；进行卫生清洁和擦拭设备时，不得使用水冲洗或湿抹布擦拭，谨防设备发生短路及触电事故。

物体打击事故：这类事故多数是由飞出或弹出的物体，比如工具、工件、零件等对人体造成伤害造成的。为此，现场人员要注意以下要点。

（1）树立自我保护和不伤害他人的意识；（2）高空作业时，严禁乱丢物料；手持工具应放置在固定的位置，以免工具掉落伤人；（3）吊运大件物品时使用有防止脱钩装置的钓钩和卡环，吊运小件物品使用吊笼或吊斗，吊运长物则必须将其绑牢；（4）高处作业时，要有明确的人员负责维修、清理过桥、跳板，严禁存放杂物；（5）禁止操作带故障设备；（6）严禁开机情况下排除设备故障或清理卡料；（7）进行放炮作业时，提前让在场人员隐蔽在安全区域，无关人员严禁进入作业区。

除上述三种事故，还有起重伤害事故、高处坠落事故、火灾事故、中毒窒息事故等预防要点。在班组安全管理方面，只有紧抓各类事故预防要点、重点，以此强化班组安全建设，才能有效把控许多不确定性因素，让"一切事故都是可以预防的"不只是一句口号、一个愿望。

6. 创建安全文化，营造和谐安全的环境

班组安全文化是企业文化的一个重要组成部分，它旨在企业内部形成"关爱生命、关注安全"的良好氛围，提升全员的安全意识，保证人员与企业的财产安全。安全文化是企业安全生产的灵魂，是企业实现安全的有力保障，更是做好班组管理的思想基础和动力之源。所以，建设质量信得过班组就必须营造和谐安全的环境，文明生产，创建有特色的班组安全文化。

英国健康安全委员会核设施安全委员会指出："一个单位的安全文化是个人和集体的价值观、态度、能力和行为方式的综合产物，它是由健康安全管理上的承诺、工作作风和精通程度所决定的。"从某种程度上说，创建并加强安全文化建设，关乎着企业的兴衰成败，也影响着企业的社会形象和信誉。而班组是安全文化的源头和管理的灵魂，所以以班组为安全文化创建和落实的载体，开展内容丰富、形式多样的安全文化宣传活动，能够迅速提升班组成员的安全意识，确保安全生产，为质量信得过班组建设夯实基础。

✯★✯★✯★✯★✯★✯★✯★✯★✯★✯★✯★✯★

2021 年，中铁三局线桥公司钢铁探伤班组荣获工程建设质量信得过班组活动一等奖。该班组成立于 2009 年，历经十多年的发展，已经成为公司的明星班组。该班组现有 14 名组员，其中有一名三级探伤工、十名二级探伤工和三名一级探伤工。

　　"细心、耐心、上进、踏实、安全、高效"是该班组一贯秉持的工作理念，特别是在确保列车安全平稳运行方面，班组成员在探伤检测过程中严格按照国家标准要求的程序、方法进行，更在常年的探伤工作中总结出了一套行之有效的检测方法，如"双晶片探头结合轨头下颚扫查法""焊缝探伤五步法""铝热焊探伤双圆弧探头检测法""轨腰侧面单探法"等一系列的探伤技法，可以最大限度地确保列车安全运行。

★☆★☆★☆★☆★☆★☆★☆★☆★☆★☆★☆★☆★☆★☆★☆

　　安全不是口号，不是落在纸面上的文件或规定，它要求班组成员实实在在地具有安全意识和理念，并在实际工作中真正把安全落地。因此，班组必须重视安全文化建设和安全技能培训。

　　班组安全文化的创建并非一蹴而就，也不会在短时间内收到预期效果，案例中的班组也是在长期的经验积累中才逐渐形成了一种契合自身实际的安全文化，此外更重要的是切实发挥出安全文化的效应，落实为主、形式为辅，充分发挥班组成员的主观能动性、自觉性，确保上下联动、左右协调，如此才能建立起独具行业特色且适应班组发展的安全文化。

　　安全文化包含安全物态文化、安全行为文化、安全制度文化和安全观念文化等很多方面，它是人类在生产生活的实践过程中创造的安全生产、安全活动的精神、观念、行为和物态的总和，会对企业的生产产生直接影响和推动作用。质量信得过班组安全文化建设，就必须坚持以人为本、尽职尽责的原则，实施系统化、科学化的班组安全管理，通过开展班前"三指"活动，即指明上一班完成任务情况、指明安全规程及应注意的问题、指明当班任务和具体要求，并实施"六预行为"安全管理模式，即预想、预知、预查、预防、预警、预备，同时推行班组安全动态管理，实现班组成员沟通最大化，且要紧紧围绕企业可控、职工在控、社会同控的要求，保证实现基层班组安全文化建设的规范化、完整性和实用性。

优良的班组安全文化对班组安全管理工作会起到积极作用，具体如下。

第一，安全规范作用。一个班组制订的安全规章制度会对全体成员形成硬约束，而安全道德、信念和风气则会对全体成员形成软约束，这种软约束会在全体成员内心形成一种"应激机制"，当上级发出相应信号和指令，成员便可以积极响应，它不像硬约束那般容易造成逆反心理，反而会让成员保持安全思想和行为的和谐、一致。

第二，安全凝聚作用。文化具有凝聚的属性，也是可以轻松地将班组成员聚合起来的有效媒介，依托于该媒介，班组的每个方面、层次的人都会紧紧围绕在班组安全生产的大目标之下，从而促使班组成员的安全思想、情感和命运与班组命运紧密相连，最终激发个人产生深刻的认同感，促使自己与班组、企业成为一个不可分割的整体。

第三，安全激励作用。确定班组内部的安全价值观念是班组安全文化的核心，在这一统一价值观的指导下，班组安全利益与组员安全行为便会趋向于一致，同时也有利于班组安全目标和组员安全目标的结合。有赖于班组内部崇高的群体安全价值观带来的集体安全成就感和荣誉感，班组成员的安全精神需求会获得极大满足，从而便会获得持久的安全激励作用。

安全文化旨在提升人员的安全素质，不断强化安全意识，杜绝不安全行为的发生，从而使班组成员由被动服从到主动要求，这也是安全文化建设的初衷和实施的终极目标。

第七章

控质量，运用精细化管理降低次品率

保证产品质量是质量信得过班组工作的重中之重。只有坚持质量第一，运用精细化管理，让班组成员在工作中把"质量"二字牢记心间，在毫厘之间追求精确、在细微之处彰显担当，才能不断提升产品质量，创建真正的质量信得过班组。

🌱 1. 质量先行，遵从"零缺陷"理论

质量信得过班组在完善基础管理工作中，应尤为重视产品和服务质量管理，建立有效的质量监督检查方案、质量控制方案，同时运用合适的质量工具、方法开展质量改进提升活动。更具体点说，班组在质量管理中，要首先把重点和落脚点放在确保产品质量"零缺陷"上，这样才能满足顾客及第三方的需求。

质量"零缺陷"理论源于"零缺陷之父"菲利浦·克劳士比，他被誉为"全球质量管理大师""伟大的管理思想家"。当时他有这样一个理念——预防胜于救火，为此他尝试了很多种方法来证明自己的理念。"零缺陷"即"无缺点"，也叫"缺点预防"，它主张充分发挥人的主观能动性来实现经营管理，无论是生产者还是工作者都要力求自己的产品和业务无缺点、零瑕疵，朝着更高的质量目标迈进。

"零缺陷"，这听起来就感觉是一个很难做到的事情，但面对竞争激烈的市场环境，企业必须建立客户至上、服务至上的理念，而若想搞好服务、满足客户，一流的质量是关键，这也要求企业的产品不允许有半点瑕疵。为此，作为企业最小单位的班组，就必须坚持质量为先的原则，遵从"零瑕疵"理念，这也是让班组、企业立足于不败之地的秘诀。

而质量信得过班组在创建之初和成功创建之后，更要把质量摆在首位。

☆★☆★☆★☆★☆★☆★☆★☆★☆★☆★☆★☆★

　　吉林石化化肥厂合成氨车间化工一班是吉林石化的"明

星班组"，该班组实现连续 13 年无安全生产责任事故，更在 2017 年、2018 年和 2020 年三次被评为集团公司"质量信得过"班组。

面对取得的成绩，一位值班长表示，这是全组长期坚持以提升质量管理为中心，集中精力抓好装置运行质量、产品过程质量控制等各环节的结果。他说："产品质量的稳定优异离不开装置的平稳运行、精准优化。"

多年来，化工一班为了确保装置长期稳定运行，以保证产品质量，先后提出了 60 余条合理化建议，发现并妥善处置 23 起生产异常，使得班组操作平稳率始终保持在 99.9% 以上，更创造了合成氨装置连续平稳运行 530 天的好成绩。

一次，班组合成班长查看 DCS 数据时，发现合成气压缩机二段入口流量出现异常情况，便马上汇报给班组长，后经班组核心成员研究后，大家判断可能是由二段防喘振阀突然全开导致的。于是，班组长马上让组员关闭二段防喘振阀，调整冰机段间流量，控制好过热炉蒸汽量，提高气化炉汽油比等，经过一系列的操作，只用了十多分钟就排除了该异常情况。

化工一班如此精心地维护装置，自然是为了确保产品质量达标。因而，一切影响产品质量的因素都要逐一排除。为此，班组长坚持每一班次都要严格分析确认合成氨装置气化炉入口物料中渣油的质量情况，要重点加强气化炉的优化操作，谨防因原料油组分不达标造成装置波动，从而影响产品质量。

2019 年，整个班组对气化炉有效气体生产过程中的工艺指标变化情况做了全覆盖、全要素和全流程检查，全组成员集思广益，先后总结出影响渣油消耗的几个因素，并有针对性地实施了提高气化炉有效气含量攻关，最终实现全年降本创效 24.66 万元。

化工一班始终坚持"精细化管理出最大效益"理念，锁定最终产品质量目标，细心地调控气体成分，不断地优化控制氢氮比，以保证产品中的氨含量始终大于99.9%，实现了产品质量稳定受控。

★☆★☆★☆★☆★☆★☆★☆★☆★☆★☆★☆★☆★☆★☆★☆★☆★☆

不难看出，案例中的化工一班便是一个把"零缺陷"理论应用于生产实践的优秀班组，正是得益于对质量的严控，才使其班组"叫得响"、质量"信得过"。

一位著名质量管理专家说："21世纪是质量的世纪。"对产品质量而言，不是100分就是0分，所以小到班组大到企业，必须紧抓"零缺陷"理论的精髓，合理运用质量管理四项基本原则，以此来指导班组质量管理，全面提升班组及企业的生产质量。

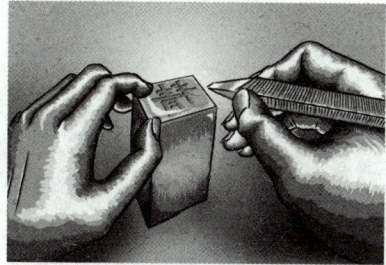

质量管理四项基本原则的内容如下。

第一，质量的定义是符合要求。很多人认为，质量达标的意思是比较好、相对而言的好。但按照"零缺陷"管理对质量的定义则是符合标准，即符合客户的要求。提升质量的关键在于一次到位，达到标准、符合要求，无论是产品还是服务，都要以符合要求为准，质量过低自然不符合客户要求，质量过高则会造成资源浪费。为此，班组长要制定质量标准以及对班组成员的工作要求，还要为班组成员达到要求提供所需的工具、资金等资源的帮助，更要鼓励班组成员为达到要求而努力。

第二，产品质量的系统是预防。在传统的认知中，人们把检验、测试和检查作为筛选高质量产品的唯一办法，但在"零瑕疵"管理中，预防才是获得高质量产品的关键。预防才会让更多隐藏的瑕疵暴露于外，继而将其消除，并获得高质量产品和服务等，因此适当的培训、严格的纪律、正确的榜样和英明的领导可以有效产生预防作用。班组长及其他管理人员也要重视营造以预防为导向的工作环境，促使人人都成为质量监督员，便能从根源上防止"次品"。

第三，以"零瑕疵"为工作标准。"零瑕疵"要求每一个环节都严格按照标准执行，容不得半点马虎，试想在最初的环节便出现零星误差，那么最终的成品自然不符合要求，达不到标准。所以，必须消除"差不多"思想，工作标准必须遵从"零瑕疵"原则。在这方面，管理层要对基层组员进行必要的培训，帮助他们尽快扭转思想，坚定"零缺陷"工作标准。

第四，以"不符合要求的代价"为质量衡量标准。这是一个用于诊断组织效率和效果方面的管理工具，也表明了"零缺陷"绝不是不可能完成的任务，只要树立精益求精的思想，剔除"差不多"的想法，完全可以达成"高质量"的目标。

一个班组是否真正"信得过"，有赖于在产品生产过程中时刻秉持"零瑕疵"的理念，而在具体的生产过程中，班组内部的相关方确认可以说是把握质量的有效环节，更是创建质量信得过班组，真正实现产品"零瑕疵"，最终降低次品率的关键。

☆★☆★☆★☆★☆★☆★☆★☆★☆★☆★☆★☆★☆★

中国长城铝业有限公司水泥厂分析班组，是水泥厂质量管理部下设的一个班组，主要工作内容包括分析检测水泥成品、半成品以及进厂原燃材料，同时也直接负责生料、熟料、水泥出厂的质量控制，可以说是水泥生产工作过程中至关重要的一环。

分析班组下设四大部门，分别是烧成车间、原料车间、质管部和制成车间，这也是该公司的"相关方"。简单来说，分析班组的工作必须得到这些相关方的确认才能正常开展。

烧成车间的熟料窑岗位，主要是快速、准确地对熟料化学成分进行检测，并将数据与生产情况有效结合，生产出合格优质熟料；原料车间的生料磨岗位，主要是快速、准确地对生料化学成分进行检测，并将数据与生产情况有效结合，以调节生料配比；质管部的控制班组，负责及时分析检测样品；至于制成车间的水泥磨岗位，则主要是快速、准确对水泥化学成分做检测，并将数据与生产情况有效结合，以此调整水泥混合材掺加量。

有了相关方的确认，就能从根本上确保产品质量，这也是对客户群体的负责。

★☆★☆★☆★☆★☆★☆★☆★☆★☆★☆★☆★☆★☆★☆★☆★☆

相关方确认环节对于质量信得过班组的建设有着不可替代的作用。既然叫质量信得过班组，那么"质量"始终是第一要点。无论班组在生产过程中遵从什么样的理论，都不能与质量相悖，唯有此，才算真正领会了"零瑕疵"的内涵和精髓，切实地做好"零缺陷"管理，从根本上降低次品率。

2. 提升现场质量的"4M变动管理法"

在生产中，决定产品质量的因素有很多，归结起来，主要有四大方面：人员（Man）、机器（Machine）、材料（Material）、方法（Method），统称为"4M"。这四大方面也是生产流程中的四大基本因素，要想保证产品的质量，就必须首先保证这四大因素是稳定的，达到理想状态的。而"4M变动管理法"，就是指在批量生产过程中，涉及的四大因素给产品质量带来一定影响。

第一，4M 对质量产生的影响

在生产过程中，四大因素不是固定不变的，比如人员的流失、缺陷、调岗、代岗；设备出现故障、增减、参数变化；材料、物资等的变化，如材质变更、型号改变；工作流程、工艺参数、作业顺序及手法发生变化等，这些或大或小的变化都可能引起生产过程的变化和产品质量的不稳定。所以，在生产初期，就要有效地对四大因素进行妥善管理。

"人"的因素对质量的影响：主要表现在人员的技能水平变化会导致质量的改变，比如新进组员在没有接受过系统的岗前培训时，或是上岗之初没有专业人员帮扶，就很容易出现产品质量问题。一般来说，产品品质出现波动很多是由新手上岗引起的。当然，熟练的员工也未必不出错，员工的情绪波动也会对产品品质造成影响，比如家庭原因、与同事的关系等很容易导致不能专心作业，从而影响产品质量。

关注细节，做好防范

"机"的因素对质量的影响：机器设备难免在生产过程中出现故障，所以这种异常会导致不良品的出现。因机器故障产生的不良品与人员操作失误产生的不良品并不一样，它是在操作者严格按照操作规程，但机器设备存在问题产出了不良品的情况。

例如，冲压机在潮湿环境下出现短路，单冲式就会自动变更为连续冲压式，致使物料冲压变形。这种情况通常很难避免，即便是制造商也无法从根本上解决冲压机发生短路的问题。再如，一些数控机床更换了新刀具后会非常锋利，此时对一些较薄的型材拉沟时就容易出现拉沟过深的现象，从而导致产品组合间隙过大，随之产生不良品。

另外还有一些生产不同气体的企业，由于原材料就是空气，所以经由空压机压缩处理生成新的气体，比如氧气、氮气等时，这些气体的品质全赖于压缩机的压力大小，一旦压力有所变动，生产出的产品就会发生质量问题。

这些产品问题都是由机器设备异常导致的，所以当现场操作人员无法从根本上解决这些问题时，也要在作业现场尽量有针对性地控制，同时形成所有操作人员都能共享的操作注意事项，至少在人的因素上做好品控。

"料"的因素对质量的影响：这一点表现在材料的品质稳定性和变化方面，比如在采购各种应用材料时，如果不能恰当地选择和评估供应商，就很容易出现原料品质不符合生产要求，继而出现品质问题。再则，不能为了价格等非决定性因素频繁更换供应商，以免造成产品品质不稳定。退一步讲，产品品质问题若与原材料有关，那么即便再精细化的操作工艺也无法扭转结局。

此外，原料存储时间过长或存储方法不当，都会令原料发生轻微的化学变化、物理变化，在这种情况下，出库或上线生产时并不容易发现问题，从而就容易导致产品品质不良。这类隐性品质问题较难从表面发现并解决，所以要从原料的入库、保管和出库等各个环节严格把控，确保每一个细节都被留意到，如此就能更容易地找出产生不良品的"致病因"。

"法"的因素对质量的影响："法"即方法，这要求在作业现场，组员必须按要求和规定合理使用产品和原料。比如防静电产品，若作业时不佩戴防静电手套就会破坏产品的性能，导致产品品质出现问题。再如，用老虎钳、铁夹等夹固胶件产品，很容破坏产品的外观，造成不良品。

另外，物料叠放未按要求，会导致摆放在最下层的物料破损或品质破坏，一旦在使用时不能严格按照相关要求，如因物料数量不足或时间紧迫而无法采购新料，勉强使用破损物料，那么产出的产品品质可想而知。

人、机、料、法是影响质量的四个重要因素，如果在其他方面都能做到有效控制，那么只要严格遵从这四个因素中的注意事项和要点，就能从根本上把控产品品质，实现班组和企业的质量目标。

第二，4M变动管理法的具体操作

（1）由班组长填写4M变动申请书，将变动内容逐一写入其中后上交车间主任签字，再交由质管部，待质管部负责人确认。等发生内容变动的班组和相关部门收到质管部发出的变动申请书后，按要求落实变动内容。

4M变动申请书具体内容包括：人员缺勤、代岗人员、替代者是否掌握所替代岗位的操作技能等；点检机器设备是否存在异常、设备故障与否、维修时长及所采取的应对措施等；材料是否缺失、断供物料名称及编号是否发生变化、材质变化情况、是否有特采物料、是否有试流品、试流原因及数量和结果等；操作人员在操作时是否遵照作业标准书、是否依照作业标准书变更操作方法等。

（2）当操作人员由于缺勤、调动或离职等原因发生变动时，变动流程要严格按照作业指导书的要求，对替代者进行必要的培训。班组长也要起到监督作用，比如每两个小时确认一次产品质量，直到替代者可以独立完成符合要求的产品生产为止。

（3）当工装夹具发生变动时，产品质量随之会被影响。所以有必要在实施过程中确认变动后的工装夹具控制的首件产品的质量，发现不合格时，要马上停机停工，请求相关部门重新检查变动后的工装夹具的有效性。直到新的工装夹具装配出的产品经专业技术人员检验合格后，先由质检员进行小批量生产，全部达标后再进行常规生产。

（4）产品生产过程中，也会发生客户要求变动而导致图纸规定的零部件、装配用的辅料发生变化的情况。物料设计的变化，指的是产品由于设计、生产、品质使用等因素而在规格、型号、颜色和功能等方面发生的变化。当设计发生变化时，先由技术部门按照客户或产品的要求，制作"设计变更通知书"递交到相关部门，接着班组长在收到"设计变更通知书"后，要及时修订"零件检查规格书""成品检查规格书""工程内检查指导书"等，需要时也应对工艺流程进行修订调整。

（5）如果工艺方法发生变化，要及时修改"作业指导书"，让组员按照新的作业方法进行作业，同时严格要求、时时监督，直到熟练掌握为止。而当产品设计发生变化时，班组长要针对首批设计变更零件，根据图纸对设计变化内容进行整体确认，做好变动标志，通知相关人员；在装配时，工艺人员要与班组长一起确认设计变化后的组装性能，做好记录；倘若过程中发生异常，要及时通知技术研发部门，快速拿出对策。

第三，变动后确认产品质量

各个部门以"变动申请书"的确认内容为标准进行产品质量的确认，把结果填写在"变动确认表"中，递交质检部存档。如果变动后取得良好效果，要及时向上级汇报对策内容，为在全部门水平展开做准备。

总体而言，4M变动管理法旨在让生产现场的变动因素趋于稳定，或者说，即便发生变动，也希望这些变动是人为可控的，且是朝着降本增效的方向发展的，对"人、机、料、法"的全面管理，目的只有一个：使结果在允许的范围内变动，从而保证质量的稳定，并达到客户的要求。

3. 改进生产质量，牢记七要素、三控制

质量管理工作千头万绪，环环相扣，稍有不慎，在生产环节出现质量问题，产生不良品，轻则造成资源浪费，增加成本，重则会失去客

户，甚至让企业丧失信誉。质量是企业的生命，也是企业始终追求的目标。只有质量过硬，达到客户的要求，企业才有信心在激烈的市场竞争中立于不败之地。

质量是信誉，更是竞争力，任何不重视质量的班组和企业都将为此付出沉重的代价。在生产过程中，有的班组长认为，只有0.1%的瑕疵都是小问题，完全可以忽略不计，但差之毫厘、谬以千里，如果每个环节都忽视0.1%，最终必将酿成大错。

★★★★★★★★★★★★★★★★★★★★★★★★★★★★★★★★

　　某航空制造公司生产车间在产品质量上总是抱着"差不多"的心态，产品也因此经常出现0.1%的瑕疵，但包括班组长乃至于上级领导在内的人员，都不觉得这有什么问题，因而从不重视，也不改善。

　　一次，一个富翁购买了该航空公司的一架私人飞机用于全家外出旅行，当他们正在高空中欣赏美丽的景色时，飞机突然发生故障，最终迫降在一个森林中，不幸的是，富翁在这起事故中身亡。后来，有关部门在对该厂进行质量检验时，发现生产车间始终有0.1%的缺陷，也正是因此，富翁才失去了生命。

　　幸存的家人很快将该航空公司告上法庭，最终该航空公司不但要支付巨额的赔偿，承担相应的法律责任，也失去了信誉。

　　　　　　　　　　　　　★★★★★★★★★★★★★★★★★★★★★★★★★★★★★

很多时候，"差不多"就意味着"差很多"，在产品质量上容忍差错率，就等于漠视瑕疵，或者说默认瑕疵的存在是合理的。所以，班组在生产中必须严把质量关，绝不能因为0.1%的瑕疵失去客户、失去信誉。

那么，在生产中，如何能以"零缺陷"作为目标，搞好班组质量管理，真正让产品不合格率降到最低呢？事实上，质量管理有七个要素，只要牢牢把握这七个要素，就很容易避免在抓质量时毫无章法、东一头西一头的情况。

第一要素：人

在质量管理中，人的要素最为重要，也是起主导作用的要素。在一个班组中，所有与生产相关的人员都归属于人的要素。人好比是班组这辆"汽车"的驾驶员，如果没有了出于主宰地位的"人"，那么这辆"车"的动力再强也派不上用场。

在生产过程中出现的质量问题是多方面的，比如技术方面、设计方面、设备方面等，但归根结底还是人的因素占据主要地位。具体表现如下。

（1）对于企业制订的各项质量管理规章制度，相关生产者没有在产品的所有加工制作环节中严格落实。

（2）监控者责任心不强，既不能严格监控产品质量，又不能及时跟踪产品质量情况；同时，在作业人员违规操作时也没有及时纠正；此外，监控者素质不高，没有过硬的技术，对生产过程中出现的问题做不到及时分析与处理。

（3）设备维修人员护养设备不细致、不及时，导致设备老化或出现故障，引发产品质量问题。

（4）班组成员不能团结一心，在生产过程中默契度不高，导致产品质量不稳定。

人的性格各有不同，能力高低也不同，所以在生产过程中有必要"人尽其才"，把适合的人放在最合适的岗位上，令其充分发挥出自身才能，实现自我价值，这样才能保证产品质量不打折。

第二要素：机

生产中使用的一切机器设备、生产工具以及工艺装备等都包含在"机"的范畴，一旦设备出现故障，或设备带病运行，势必会影响产品质量。班组在日常生产活动中务必要注重对设备的养护，发现任何问题，哪怕再细小也要引起重视，确保设备处于良好的工作状态。

状况良好的设备更有利于提升生产效率和产品质量，并能有效减轻作业人员的劳动强度。在养护设备上，班组长要悉心指导组员合理使用和保养设备，比如做好必要的维修保养原始记录等，以最大限度地延长设备的使用寿命。具体来说，正确使用和养护设备要从以下几点入手：

第一，定期对设备操作人员进行设备使用、爱护设备等方面的教育。

第二，合理安排生产任务，避免设备超负荷运行。

第三，为设备配备合适的操作人员。

第四，制订合理、可行的规章制度，以及设备操作要点、注意事项。

第五，让设备在良好的工作环境下运行。

正确地、合理地养护设备，是确保设备长久运行的秘诀，这一项也应纳入对设备操作人员技术素养的考核内容之中。

第三要素：物

物，即生产过程中用到的各种物料，比如半成品、配件、原料等都包含在此列。物料质量的优劣同样关乎着产品质量的高低，物料质量不达标，生产出来的产品自然不会符合要求。因此，在物料被投入生产之前就应严格控制质量，比如在采购上严把质量关，同时不要轻易更改长期使用的物料供应源。需要注意的是，即便固定使用某一厂家的物料，在每次投入生产之前依然不要省去质量检测环节，以免厂家在物料生产中出现质量问题，继而导致班组生产出的产品质量出现瑕疵。

第四要素：法

班组在生产过程中，所依照的生产图纸、生产指导书、计划表、工作标准、检验规程、操作规程等都包含在"法"的范围内。总体来说，法即法则，是保证生产正常运行的基础，涵盖一切生产规程或规章制度。

规程和制度存在的意义，是为了确保班组严格地按照要求和规范进行生产，以减少产品质量不达标的问题。生产人员是规程、制度的执行者，必须依照章程去做，班组长则要做好过程监督，时刻督促生产人员，以最大限度地保证生产进度和产品质量。

第五要素：环

环，即环境，在这里特指生产环境。ISO9001：2000 质量管理体系《质量手册》标准 6.4 条款提出："组织应确定和管理为达到产品符合要求所需的工作环境。"显而易见，生产环境也是影响产品质量的一个不可忽视的因素。生产人员处在一个明亮、舒适的工作环境中，在工作时也会保持心情舒畅，继而全身心地投入生产，这自然有利于提升产品质量。相反，如果工作环境嘈杂不堪，作业现场一片狼藉，生产人员又如何能心无旁骛地工作，并确保产品无瑕疵呢？因此，无论是内部环境还是外部环境，都要保持足够的整洁，严禁脏、乱、差，以避免影响生产人员的心情和生产本身。

第六要素：检

对质量的检测和控制是非常必要的，这一环节也是进一步确保质量"零缺陷"的关键。

第七要素：管

管，即管理，它包括三检制的执行情况以及记录表格是否及时填写等。

在生产中，若能真正意识到以上关于质量管理的七个要素的重要性，并多加留意，完全能够从根本上消除影响质量的种种隐患。

而除了"七要素"，在质量管理上还要注意"三控制"。"三控制"其实指的是要从三个方面对质量进行重点控制。

其一，进料控制。这一点与"七要素"中物的因素大同小异，都是要求班组长严格把好物料关，做好来料检验，因为纵使有再专业的生产人员、再精密的机器设备，倘若材料本身存在瑕疵，也是难以生产出零缺陷产品的。所以，必须从源头上消除质量隐患。

其二，过程控制。确认来料没有问题后，就可以进入生产线，随之便需要进行过程控制，也就是把控物料从进生产线到出生产线前或出厂之前的过程，过程控制包括检验半成品和成品两部分。

检验半成品包括对首件、中件和末件的检验。首件，即生产线生产出的第一件或前几件产品；中件即按照一定的时间间隔检验生产线上的产品；末件，则是对最后几件产品的检验。

成品检验包括对外观、特性、尺寸、包装标示以及耐冲击性等的检验。检验外观是为了确保产品外观无变形或受损；特性检验，则是通过检验产品的化学、物理以及电子等特性对产品功能的影响，获悉其是否达到质量要求；尺寸检验包括检验产品的规格、尺寸是否达标；包装标示检验即检验包装、标示是否达标；耐冲击性检验包括检验产品的抗冲压力、抗压力等是否达标等。

其三，成品控制。这是产品出生产线之前的最后一道检验，包括检验产品表面是否有划伤、破损，为客户提供的产品质量保证文件是否齐全等。

保证和改进产品质量的"七要素""三控制"，是确保产品"零缺陷"的有效方法和措施，各生产企业及班组应严格落实各项产品质量检验规程，以便为客户提供质量信得过的产品。

4. 运用科学的"PDCA"循环法

什么是 PDCA 循环法？它是一位质量管理专家首先提出的，称得上是一种全面质量管理的思想和方法，后来被广泛应用于各个领域，尤其在构成组织质量管理体系的所有过程中更为适用。它作为班组质量管理的一种重要方法，目前在全世界范围内都普遍应用，是提升产品质量和顾客及第三方满意度的有效手段。

随着市场经济的日益发达，质量对企业的重要性不言而喻，高质量的产品无疑会让企业具有更强的市场竞争力，更是确保企业持续经营、拓宽市场份额的有力保障。而班组作为生产第一线的"作战单位"，更要把产品质量问题视为重中之重，所以是否具有 PDCA 管理技巧，也成了考验班组长素养的一个标准。那么，PDCA 循环法到底是怎么样的呢？

PDCA 即 P（plan）计划、D（do）执行、C（check）检查和 A（act）处理，简单来说，在质量管理活动中，先按照工作要求拟订计划，然后确保计划顺利实施，并跟踪检查实施效果，最后把成功的纳入标准，不成功的则要进入下一次的"PDCA 循环"。换句话说，PDCA 更像是一个"无限循环"，可以把质量一步步地推至更高的位置，确保无次品、"零瑕疵"。

一家机械加工厂的焊接班组为了进一步改善产品质量，提升客户满意度，便决定实施 PDCA 循环法。具体步骤如下：

P. 根据班组当前质量现状的调查，确定了"减少假焊"的主攻课题，这一步是拟订计划。经过对原因和对策的分析，班组制定出一整套的改善对策，比如改进焊条、焊机和操作员技能等。

D. 开始实施改善对策，在采购、技术和人员方面下功夫，逐一改善。

C. 收集多方质量数据，检查改进效果。

A. 根据检查结果，可知假焊方面有了明显的改善，不过整个焊接方面依然没有达成最初设定的不良率降低 50% 的目标。为此，班组长继续搜集各种数据，并对数据进行细致全面的分析，再次拟定出"焊点过大"这一新的改进课题。于是，该班组又开始了新一轮的质量改进课题活动，开启了又一个PDCA 循环。

★☆★☆★☆★☆★☆★☆★☆★☆★☆★☆★☆★☆★☆★☆☆

PDCA 循环是一种科学的程序，对于改进和解决质量问题效果明显，因此要想实现班组质量控制和质量改进，班组成员就有必要熟练掌握 PDCA 循环法，同时要了解该循环法的三个特点。

第一，大环套小环。如果把整个企业的工作看成是一个大的 PDCA 循环，那么各个部门和班组都有自己小的 PDCA 循环，它如同车子的"轴承"一般，一个个小圆珠各自成循环，并包含在一个大的循环之中，如此大环带动小环，构成了一个运转体系。

第二，阶梯上升。PDCA 循环——包括各个小循环并非处于一个"平面"上循环，一个循环结束后，就意味着解决了一部分问题，取得了一定的成绩，整体水平也上了一个新台阶。每次循环都有新的内容与目标，不断提高。

第三，科学。PDCA 循环法是科学管理方法的综合应用，它是一种以质量控制工具为主的统计处理方法以及工业工程中工作研究的方法，作为开展工作和发现并解决问题的工具。

总的来说，PDCA 循环法是质量管理的基本方法，更是企业管理各项工作的一般规律。在组建质量信得过班组的过程中，产品与服务质量管理以及顾客关系管理，可以视为班组建立，乃至于企业经营所追求的终极目标。它要求班组能够结合产品和服务特点，建立有效的质量监督检查方案、质量控制方法，同时运用适合的治理工具和方法开展质量改进提升互动，此外，也要善于了解顾客需求，获得顾客反馈信息，及时将这些反馈递交于班组成员，从而以顾客反馈倒逼产品质量，继而提升顾客满意度。而这些目标的达成与 PDCA 循环法都紧密相连，原因在于，该循环法不局限于提升产品质量，换句话说，与质量有关的一切目标都可以通过该循环法来实现。

通过 PDCA 循环法，班组改善了工作方法，提升了工作效率，产品质量和服务质量也随之获得提升，顾客的满意度自然提升，且会因为企业产品的品质而不断地重复购买。正如一位质量管理专家所说："企业的利润来自重复购买的顾客。这些人不但称赞公司的产品，还会主动推荐亲友来购买。"

质量通过改进获得提升，早已成为现代企业最为关注的焦点之一，只有好的产品品质才能实现利润的最大化。

☆★☆★☆★☆★☆★☆★☆★☆★☆★☆★☆★☆★☆★☆★☆★

某印刷企业多次被顾客投诉质量问题，还出现了退货等情况。企业高层对印刷班组十分不满，印刷班组又把责任推到了采购部，表示原因都出在来料不良上，比如纸面扔粉、纸毛多以及油墨太软等。而后，便出现了各个部门之间来回"踢皮球"的情况。领导眼见这种情况，便开始在企业内部推行PDCA 循环法。

第一，找出问题。班组在综合各类投诉后，把问题进行了汇总，比如投诉纸粉多的有多少起、色差多少起，以及套印不良、过底、油墨雾散等有多少起。

第二，对症下药。针对找出的问题，寻找解决办法。当然，不可能一次性解决所有问题，可以按轻重缓急逐一解决。班组发现，在所有问题中，纸粉问题最为突出，所以它成了首要目标。

第三，探究原因。根据出现的问题反推原因，再利用"鱼骨方法"进行分析，最终便可以把各类原因进行归纳。班组成员经过分析，找出的原因包括纸品不良、缺乏清洗胶布、检查不足、机器未保养、喷粉过多等。

第四，制订计划，拟定方法。制定表格，记录并监测定时清洗胶布和搅墨时间；制定印刷多少张纸进行一次检查的标准；制定限制喷墨用量守则等。同时，在人力、物料和机械三方面制定细则。

人力：人事部协助聘请经验丰富的机长，或对在职机长进行系统、严格的培训，达到专业水平；鼓励员工重视团队协作，利用奖罚机制对达到标准者给予适当的奖励，未达标或出错者给予扣除奖金或部分工资的处罚；落实问责性制度，每名机长应对所管机器的性能、保养、产品和品质等负责。

物料：建立物料管理制度，对来料、供货商、物料的稳定性等都严格把控，形成记录。

机械：制定机器设备保养时间表和品质管制表，全方位监察机器运行情况。

第五，检查计划实施效果。综合前述步骤，收集生产资料并分析，对比改善前后的资料，看是否获得改善，找出未改善到位或改善不明显的环节。

第六，将有效方法制度化。当改善方法取得良好效果后，可以将这种方法编制成生产流程的一个部分，写入质量认证守则中。比如将物料入仓及贮存程序、清洗胶布程序等绘制成流程图等。

第七，检验成果，制定新目标。解决了脱粉问题后，便可以按照同样的方法解决色差等问题。待解决了所有问题后，继续制定新目标，以开启下一个 PDCA 循环，达到不断改善的目的。

★☆★☆★☆★☆★☆★☆★☆★☆★☆★☆★☆★☆★☆★☆★

可以看出，该印刷企业在实行了 PDCA 循环法后，既结束了出问题后各部门互相推诿的局面，又能提升产品、服务等各方面质量，让企业迈入一个新的发展阶段。

PDCA 循环是一个持续改善的工具，每一次应用该循环法，关于班组管理、产品质量、顾客服务方面的不良现象都会减少，随之管理水平会进一步获得提升。可以说，PDCA 循环法不但对班组的进步很有帮助，对整个企业的发展也会带来巨大的推动作用。

5. 强化质量意识，共建"零瑕疵"班组

产品是企业的生命，对企业来说，做好质量管理是一项长期又艰巨的工程。在企业质量管理中，班组质量管理是重中之重，搞好班组质量管理工作对于提高产品质量意义非凡。对一个班组来说，提升产品之前的前提是提升质量意识，只有认知到位，行动才能自觉。

高质量的产品是确保企业长盛不衰的一个秘诀，也是提升顾客满意度的有效手段，更会在实现较好的社会效益方面起到积极作用。可见，强化质量意识，不断提升产品质量，既是建立"零瑕疵"班组的关键，也是保障企业能够追求更高利润的不竭动力。

★☆★☆★☆★☆★☆★☆★☆★☆★☆★☆★☆★☆★☆★

广东吉熙安电缆附件有限公司的生产车间班长肖俊，从入职之日起，20 多年来一直坚守在生产第一线。他是个对工作认真负责的人，每天都会提前到岗，把班组的每个岗位走一遍，查看工作记录，而且他也是个极其看重质量的班长。他说："因为我们是做电缆附件的，每一个零件都跟整体安全和运用有直接关系，一个小的差错，有可能就会造成严重的问题。所以，要根据精细的工艺流程严格把关，多留意不起眼的细节，争取做到'零缺陷'。"正是这种超强的质量意识，让他把简单的工作做出了亮眼的成绩。

一次，公司要攻克电气化铁道用 27.5 KV 产品，在这个过程中出现了连续生产时间越长、不合格品越多的问题。肖俊看在眼里，急在心里，他连续一周加班加点，逐一排查原材料、生产设备模具摆放、注料口等，最终发现导致不良品出现的原因是模具较大、热量传导至设备上造成模具温度不稳定。

接着，肖俊经过反复实验和摸索，在模具上加装了隔热板，不但恢复了生产，还将产品合格率提升到了 99.5%。后来，肖俊与公司的研发团队相互配合，率先在行业内完成了该产品的研发和生产，更凭借高超的技术和质量夺得了武广线全路段 1068.8 公里近 7000 个 27.5 KV 电缆附件的供应及安装权，打破了国外技术壁垒，填补了国内空白。

在挖掘老设备潜力、不断提升产品质量上，肖俊始终不曾停下脚步。他还利用业余时间进修"模具设计与制造专业"，顺利获得专业学历证书，并把所学应用到实际工作中，为产品质量提升保驾护航。

一位与肖俊做了 20 多年同事的技术员说："他刚来的时候，我是他的师父。他认真负责、任劳任怨、勤奋工作的精神一直默默地激励着我们。如果看到零件上有瑕疵，即使过了下班时间，他也会把问题解决之后再下班。"对一切瑕疵的"零容忍"态度，促使肖俊始终把质量放在第一位。

★☆★☆★☆★☆★☆★☆★☆★☆★☆★☆★☆★☆★

影响产品质量的因素多种多样，但只要具备质量意识，真正看到质量对班组、企业的重要性，就会排除干扰，实现质量与效率双提升。因而，在班组质量管理中，强化全员的质量意识就显得尤为重要。

班组长的质量意识

作为"兵头将尾"，班组长首先要扛起质量大旗，从以下三个方面来强化自己的质量意识。

第一，遵章指挥。班组长是作业现场的直接组织者和实施者，所以要带头遵规守矩，绝不能因为自己是班组长便产生特权思想，任性指挥、随意指挥，这会扰乱整个现场秩序，尤其是生产秩序，从而导致不良品的产生。

第二，尽职尽责。无论身处哪个岗位，尽职尽责才会避免疏忽大意，才能全身心地投入工作，真正把工作做好，尤其是起到示范效应的班组长。如果班组长缺乏责任心，不能忠诚履职，又如何能具备质量意识，并强化这种意识，以影响组员、带领组员组建"零瑕疵"班组呢？所以，班组长在任何方面都要以身作则，也好让组员"有据可依"。

第三，严格把关。质量是企业长远发展的根本，更是企业发展的灵魂和竞争的核心。班组长作为生产一线的"指挥官"，必须严格把控每一个环节，包括生产现场作业人员、物料、机器设备、工艺流程等。只有确保每一个环节"零瑕疵"，最终才会生产出"零瑕疵"的产品。

班组成员的质量意识

当班组长树立了良好的质量意识，就有责任让班组成员认知到高质量的产品是生产出来的，不是靠检验出来的。在产品生产之前就要树立正确的质量意识，绝不能指望着产品出生产线之后借助"筛选"的办法获得高质量的产品。再则，一旦产生这样的想法，那么在生产之前，生产过程中也不会真正重视产品质量，如此生产出的产品可能会筛选出看似的"优"，但极可能达不到客户的标准。所以，班组成员的质量意识也要强化，从根本上控制质量。

班组成员要树立"质量第一"的思想，并加强对质量控制理论的学习，找到适合自己的工作方法，由此更有利于提升工作效率和质量。同时，组员要意识到：如果自己负责的这道工序中的质量出了问题，会直接影响下一道工序的生产。通过这样的心理暗示，渐渐地消除"我负责的环节出问题，只是我个人原因"的想法，也会一步步从"向我要质量"转变为"我要质量"的正确、积极的产品质量意识。

班组长有责任对组员在生产中出现的质量问题进行分析，并对组员进行讲解，让他们知道某种做法会导致某种结果，由此会带来什么样的效应。在保证产品质量方面，班组长与组员应始终站在同一阵营，没有职务高低之分，要上下齐心，拧成一股绳，打好质量"攻坚战"。同时，为了更好地与组员形成合力，班组长必须充分地了解每一名组员的特点，然后针对他们的特点"下猛药"，并要加大对组员的监控力度，确保组员提升且巩固执行生产质量的标准。班组长要与组员想在一起、站在一处，这样更有益于激发组员的团队协作精神，为实现产品的高质量贡献力量。

沟通交流对于激发质量创新意识必不可少，通过班组的内部交流，每名组员在生产中遇到的质量问题都可以汇编成材料，之后拿到班组讨论会上谈论，并找到解决这些问题的方案，这自然对质量提升大有裨益。此外，班组长可以在内部组织 QC（质量控制）活动，让全体成员积极地参与其中，各抒己见。通过组员间的这种信息交流，一些原本堵在组员心中的问题很可能得到解决，因为他们会从其他同事的口中获得有用的信息，这些信息往往正好能够解决困扰自己的难题。如此，很多潜在的质量隐患会被消除，从而保证了高质量生产。

总而言之，班组长应多组织班组成员进行质量探讨，因为通过必要的"头脑风暴"也会激发组员在质量上的创新意识。此外，在拥有质量意识的同时，更有必要牢固掌握质量管理工具，它是控制和改进质量水平的常用方法，既科学又实用。

全面质量管理有七种常用工具，且随着社会的发展和班组在质量管理方面的深耕，已经有了"新"的变化。

旧的七种质量管理工具

检查表：也称调查表、统计分析表、检查单等，主要用于现场收集数据，也可以充当防错工具，提醒操作者怎么操作。

层别法：把各项数据依照类别、层次做分类统计、分析的方法，从而查出问题。通过分层，可以掌握每层收集的数据，从而找到不良所在或最佳条件，最终制定改善质量的方法。

排列图：也称柏拉图，它的发明者是 19 世纪意大利经济学家柏拉图，因而得名。排列图根据"二八定律"，将各种原因按照某一统计数据由多到少、由大到小排列，从而确定关键的少数，以抓住主要原因的主要方面。基于此，就能确定其他的分析工作，并锁定主要因素。

特性要因图：也称鱼骨图、因果图，因形状似鱼骨而得名。透过这种分析方法可以发现问题的"根本原因"。一般而言，它可以结合层别法一起使用，继而实现对不同层别分别进行分析。

直方图：也称质量分布图，是一种统计报告图，用以检查数据的分布状态，它有正常型、孤岛型、双峰型、折齿型、陡壁型、偏态型和平等型七种形态，常与控制图一起使用。

控制图：也称管制图，是一种以控制图的形式对生产过程中质量状况是否发生波动进行判断和预报的常用的质量控制统计方法。它对生产过程中的过程质量动态起到实时监督的作用，可以稳定生产、保证质量并积极预防，常与上述各种工具搭配使用。

散布图：也称相关图，经常用于工厂生产中，它是把两个可能相关的变数资料用点画在坐标图上，以查看成对的资料之间有无相关性。

新的七种质量管理工具

亲和图：也称 KJ 法，这种方法侧重于将广泛收集到的有关未知事物或不明确的事实的意见或构思等语言资料，按照彼此的亲和性归纳整理，让问题更加明确，以统一认知和协调工作，继而解决问题。

系统图：也称树图，这种方法是把想要达到的目的和需要采用的措施或手段，系统地展开，绘制成图，从而明确问题的核心要点，以找到最佳手段或措施。

矩阵图：从多维问题的事件中，找出成对的因素，以矩阵的形式排列成图，并据此进行分析，最终确定关键点。它是一种通过多因素综合思考探索问题的方法。

箭头图：也称网络计划图、关键路线图，它是把项目推进时需要的各个步骤、作业按照从属关系，用网络图展现出来的一种方法。

PDPC法：也称过程决策程序图，具体来说，要事先设想各种可能的结果，而后尽量把计划引导到希望实现的结果方向发展。

关联图：也称关系图，主要用于分析事物之间的"原因与结果""目的与手段"等复杂关系，通过它，我们可以从事物之间的逻辑关系中找到解决问题的方法。

矩阵数据分析法：有些类似于矩阵图，但它并不是在矩阵图上填符号，而是填数据，从而形成一个分析数据的矩阵。它主要是针对多个变动且复杂的因果进行分析，是一种利用数据分析问题的方法。

无论是旧的质量管理工具还是新的质量管理工具，目的都是提升质量，而当整个班组成员都既具备质量意识，又能够熟练掌握各种质量管理工具，就更容易在生产中实现产品"零瑕疵"，并最终建立起质量信得过班组。

第八章

勤学习，营造爱学习的班组氛围

一个质量信得过班组必须是一个学习型班组，在班组内形成"学习工作化、工作学习化"的氛围，强调人人学习、终身学习的理念。班组和企业要善于建立共同愿景和阶段目标，激发全员学习热情，让所有人都能了解自我价值，并充分展现自我；同时，要通过各种方式和渠道创建学习交流平台，为建立质量信得过班组夯实基础。

1. 理念+愿景，激发全员学习热情

在质量信得过班组的创建过程中，班组必须围绕质量信得过创建目标，不断学习新理念、新知识、新技术，并不断创新工作方法，以提升班组成员的素质。简单来说，要激发全员学习热情，全力打造学习型班组。

打造学习型班组的关键，在于在班组中形成统一的学习理念，构建共同的学习愿景，借助理念和愿景从思想上改变组员，从而培养他们主动学习的意识和习惯。当全体组员都能够在一个共同理念的支持下学习知识、苦练技能，整个班组也会逐渐形成良好的学习氛围。那么，具体要怎么做呢？

首先，以文化力提升班组竞争力。班组应以"更新理念、加强学习"为文化先导，让全员都树立起"终身学习"的理念，鼓励组员通过各种渠道和形式开展学习，提升自身素质，同时集中学习与个人学习"两步走"、系统思考与团队沟通协作相结合，并慢慢地在头脑中形成"学习是岗位职责、是工作重点、是进步之力"的认知，从而让学习与工作完美融合在一起。

其次，提升认知、统一思想。统一思想是建立学习型班组的关键，不少班组成员都把学习型班组当成了"噱头"，认为是走形式、赶时髦，这种错误认知自然不利于学习型班组的建设。所以，务必要让全体成员跳离"口号化、文体化、表象化"等阶段，在学习中注重新技术和新工艺的渗透与普及，并将解决复杂问题作为实践重点。久而久之，

会让全体成员认识到自己正在做着一件既有利于班组发展、又有利于提升自我的事情，从而改变认知、统一思想。

再次，聚焦管理、创新机制。学习与创新是不可分割的整体，更何况一个学习型班组自然离不开持续创新，包括知识创新、岗位创新、管理创新、科技创新等方面。因而，想要成功打造学习型班组，势必要完善创新课题立项攻关责任制，不断加大文化科技含量，优化组员职位职务化管理、激励竞争机制，也要着力探索具有岗位特色的职工岗序管理体系，为全员发展创造更大的空间。

最后，自我加压、实现超越。学习永无止境，所以班组成员要善于为自己加压，制订更高的学习目标，改变被动学习、不自觉学习的旧貌，并将自我超越视为一种工作导向融入工作之中。

★☆★☆★☆★☆★☆★☆★☆★☆★☆★☆★☆★☆★☆★

某变电站班组长刘某为响应企业"持续学习，推进企业永续发展"的发展方针，特地开展了以"老带新、新助老"为主题的活动，寄希望于将班组打造成学习型班组。在具体活动的实施上，刘某推出了学习"三部曲"。

第一，常态学。学习是一个持续的过程，既要有学习的热情，又要有坚持学习的精神，为此刘某以线上、线下相结合的方式制订日常学习计划，为班组成员发放学习资料；结合班组成员具体的岗位需求，进行分享式学习，还可以让全员轮流领学，掌握理论知识和事故案例等。常态学，可以在班组内营造浓厚的学习氛围，并能让组员之间开展充分的沟通交流，使得所有成员更具团队精神，也能进一步促进新旧思想的碰撞。

第二，实景学。有些组员只会"纸上谈兵"，所以从这一点出发，刘某开始组织全员下到生产车间开展实景教学，让常年与设备打交道的经验丰富的老员工，给不常在作业现场的同事示范，使其真正地学习到"看得见、用得着"的技能。

第三，现场学。现场学与实景学既相似又有区别。相似之处在于，二者都要求组员走出去，到现场感受书本上体会不到的一切；区别则体现在，现场学让学与用真正地结合在了一起，经验和动手能力都会在这个过程中得到历练。

当"三部曲"推行了一段时间后，整个班组好似脱胎换骨一般，全员真正地拧成了一股绳，新老员工也都尽力发挥出了自身优势，不断地为共建学习型班组发光发热。

面对班组取得的阶段性成果，刘某难掩喜悦之情。他说："最快的脚步不是跨越，而是继续。学习是终身的事情，只要坚持下去，就会收获喜人的成果。"

★☆★☆★☆★☆★☆★☆☆☆★☆★☆★☆★☆★☆★☆★☆★☆★

伟大的企业都会建立一个远大的企业愿景，作为"最小细胞"的班组也不例外，一个共同的班组愿景同样会激励组员为实现这一目标而奋进。学习是企业生命之根，更是企业持续发展的动力。企业最初建立的理念和愿景，就应当是提倡全员持续学习，因为学习是更新观念、改变思想的有效方式。当这种观念根植于企业内部，或者具体地说，成为每一个班组的创建目标，那么全员都将在共同的目标带动下营造奋斗氛围，并带着无限的激情继续不断学习。

理念和愿景对于班组乃至于企业的发展都有巨大的引领作用，而班组在提出理念、建立愿景的过程中，也要多与全体成员加强沟通，这样才能确保愿景更具"共性"和"价值"，能够真正代表组员心声。在这样的前提下，全员的学习热情会更高涨，由此也将不断地提升班组管理水平，继而收获丰硕的果实。

2. 强化专业知识，提升专业技能

班组是企业的基层组织，更是加强企业管理、做好安全生产的基础，因此，一个班组是否具备战斗力，关乎着企业在激烈的市场竞争中是否能站稳脚跟。决定一个班组是否具备战斗力的要素都有什么？从"人的因素"来看，无外乎班组长和班组成员。

第一因素——班组长

"火车跑得快，全凭车头带。"班组长的强弱在一定程度上决定了班组的强弱，优秀的班组长总能凭借自身素养、技能等让组员心悦诚服，由此全员也会心往一处想、劲往一处使，久而久之，班组的整体实力就会大幅提升。班组长的素质和能力决定了班组建设的成效，那么一名优秀的班组长具备哪些知识才能带领班组这辆"火车"一路飞驰呢？

第一，专业知识。班组长是生产一线的管理者和指挥者，所以必须具备一定的专业知识才不至于出现"外行管内行"的情况。班组长的专业知识主要表现在六个方面：日常管理、安全文明生产、物料管理、设备管理、成本管理和质量管理。

第二，企业知识。何为企业知识？简单来说，就是班组长必须明确哪些事情可以做、哪些事情明令禁止、做事情的流程以及工作要求等。班组长承担着上传下达的责任，做好这一纽带"角色"的关键就在于牢牢掌握企业知识，这是有效避免"上情不达基层"的方法。

第三，管理知识。管理绝不是高高在上、随心所欲地发号施令，它要求班组长了解基础的管理知识以及管理的基本职能和任务，并善于在实践中应用所掌握的管理技巧等。

第四，培训知识。班组长要懂得培训知识，善于借助培训提升组员的素质、学习力、积极性和创造性，继而提升组织绩效。

第五，心理知识。可以说，优秀的班组长都算得上"半个心理学专家"，他们可能没有在心理学领域深耕细作，却仍然精通一些心理学常识，这些知识会帮助他们拉近与组员之间的关系，让他们更容易把握组员的心理状态，从而做好他们的心理疏导工作，调动起他们的主观能动性，由被动转为主动、由消极转向积极。

任何知识的获取和掌握都离不开学习和积累，以上几方面班组长必备知识或许只是冰山一角，在具体的班组工作中，班组长要擦亮双眼，重视学习和积累，不断提升个人技能，这样才能带出一支业务过硬、素质优良的队伍。

第二因素——班组成员

一个产品质量过硬的班组，除了要有一个出类拔萃的班组长之外，班组成员也要担得起重担，不然所有大事、要事都会压在班组长一个人肩膀上。所以，出色的班组不但要有身经百战的班组长，更要有百炼成钢的组员。

当市场竞争变得越发激烈时，班组成员的学习力强弱就成了关键和要点。班组和企业都要重视对班组成员的培养，特别是某些"专家型"组员，要让他们通过各种学习途径和方式提升业务技能，如此才能在激烈的市场竞争中立于不败之地。

许振超是青岛港的一名普通码头工人，那时他负责操作当时最先进的起重机械——门机。许振超只有初中学历，可他凭借着勤学苦练，只用了一周时间就掌握了操作技巧。不过，会操作容易，想要熟练操作却不简单。有经验的老师傅开门机，钩头起吊非常平稳，钢丝绳也始终在一个水平线上移动，可许振超操作时不但钩头不稳，钢丝绳也来回晃动。

尤其是矿石装火车作业，一钩货放下去，车外的比车内的还多，看着车下工人们不住地清理的情况，许振超有些惭愧。再则，矿石装火车的多少都有规定，装多了得费力地铲下去，装少了货主方面没法交代。为了"练成"这项技术，每次作业结束后，许振超都会趁大家休息时在车上不断练习停钩、稳钩。

经过四五个月的苦练，许振超练就了"一钩准"的绝活，因为他此时的操作技巧达到了老师傅的水平，所以每次一钩矿石吊起，不但稳稳落下，而且正好能装满一车皮。

一次，许振超在进行散粮装火车作业，他发现粮食因为颗粒小极易洒漏。于是在工作之余，他开始通过吊水桶来练习平稳，只要在钩头行进的过程中不洒出水就算大功告成。等练好后，他再去钩装粮食，从舱内到车内居然可以做到一粒不掉，就这样，他又有了"一钩清"的绝活。

凭借着不断地学习和刻苦的精神，许振超成了顶级的"技术专家"。公司技术部主管是许振超的下属，他说："从文凭上看，我比老许高，但他做了我的领导，我服气，因为他的技术领先于我。我年轻时打扑克、下象棋，他则把所有的时间都用来学习。他比我大 11 岁，学习起来吃力得多，但他坚持学习，超过了我。现在我觉得不学习没有出路，我业余时间也在学习。"

许振超在学习上有一股韧劲，凭借着这股劲头，他由工人晋升为主管，而他能取得耀眼的成绩，自然是不断学习、不断拼搏的结果。

★☆★☆★☆★☆★☆★☆★☆★☆★☆★☆★☆★☆★☆★☆

"专家型"组员是班组的宝藏，更是为企业创造巨大价值的主力军，他们在班组、企业的发展过程中有着不可估量的价值，而他们在为班组、企业创造价值的同时，也更容易实现个人价值、个人理想。所以，只有不断学习才是获取一切的前提和基础。

要想成为"专家型"组员，除了个人的努力外，班组有针对性的培养同样不可或缺。班组培训的优势在于针对性强，发现问题后可以马上解决，让培训成果得以最大化。一般而言，培训形式有以下几种：

第一，经验传授。由班组内经验丰富的老师傅"带队"，教授新组员在工作中需要掌握的必要技能，同时要一边学习、一边工作，让新进人员更快上手。

第二，经验交流。要想考察自己所学知识、技能是否牢固，适当的经验交流必不可少，比如可以通过班组会议、岗位练兵、技能竞赛、技术比武等正式交流方式，也可以通过私下随意性的沟通交流等非正式交流方式，无论采用哪种形式，目的都是一样的。

第三，针对具体问题。班组在生产过程中会遇到各种问题和隐患，有效地解决这些问题、排除隐患，恰恰是学习和检验所掌握的知识、技能的过程。另外，包括班组长在内的全体组员，在生产过程中都会出错，比如长期形成的不规范操作行为，或是某一具体的错误操作方法等，纠正这些错误同样是获得新知的有效方式。

第四，"输出"与"输入"。"输出"即班组将成员送至统一的"集中培训营"进行培训；"输入"则是班组根据培训计划，邀请企业内部或外部的相关专家为班组成员进行专题或专项技术培训。

培训的方式多种多样，但目的只有一个，即让班组成员不断地强化自己的专业知识，提升自己的专业技能。

当班组长和班组成员都能够在知识上和技能上更进一步，就会真正抱成团，打造出一支强有力的队伍。

3. 从个人学习到全员学习

人类对知识的无尽渴望推动了社会的发展，人天生有着学习的欲望，并能通过各种学习获得乐趣、满足欲望。在创建质量信得过班组的过程中，每名组员都要充分发挥自己的学习力，以个人学习为起点，从而实现人人学习、全员学习的目标。这不但能改变个体在组织中的行为，更能让依托于全体的个体实现最大价值。

在班组中，个人学习也是班组学习与进步的基础，为此应大力提倡个人学习，让组员的个人文化素养、职业技能都得到提升。在具体的学习方法上，组员的学习更多地应建立在工作的基础之上，所以"工作学习化、学习工作化"是首要倡导的。也就是说，要在"干中学、学中干"，打破二者之间的固有界限，把它们完美地融合在一起，利用各种机会让学习成果最大化，并在第一时间把学习成果应用到实践中。

那么，"工作学习化、学习工作化"，或者说"干中学、学中干"要如何来实现呢？

第一，具备问题意识。提出问题和解决问题的过程，也即"干中学、学中干"的过程，通过把问题转化为培训课题，并针对这些课题提出对应的解决办法，便能不断地延伸"知识链"，让组员更快、更多地解决心中疑惑。

第二，个人学习以不断学习为基础。强化个人学习能力的关键在于

学会改进学习方法，掌握先进的学习工具，从被动学习转为积极主动学习，同时个人学习与集体学习相结合，并善于利用一切可以学习的社会资源，比如公共图书馆、科学展览馆、博物馆等公共资源，以此扩充知识面。

班组要营造全员学习、全过程学习的理念，让人人重视学习、爱上学习，将所学知识更快地应用到实际工作和生产中，助力工作和生产。通过不断学习，组员会不断从工作和生产中获得各种不同的知识和技能，最终达到自我提升的目标。

第三，合理转化学习成果。学习过程与学习成果同等重要，通过学习，组员获得知识后也会持续运用知识，从而将知识转化为成果，促使整个班组业绩大幅提升。换句话说，组员的学习成果会改变整个班组的行为，当遇到新问题、新挑战时，也就能够以更迅速、新颖的方式积极应对，取得竞争优势。

第四，善于总结、善于反思。通过总结经验，可以发现过往存在的不足，这同样是一个难得的学习过程，反思更是如此。当制定了某一决策后，要做的不是马上行动，而是对决策进行反思，发现缺陷和不足，从而更全面地认知自我，了解自己的优势和劣势，继而扬长避短，或集中资源弥补短板，以期进步。

归根结底，个人学习与班组学习紧密相连，个人学习是班组学习的基础，班组学习更会鞭策每一名组员积极进取、勇于拼搏。营造爱学习的班组氛围，养成爱学习的习惯，不是某一个人的事，而是全体班组成员共同的使命。

★☆★☆★☆★☆★☆★☆★☆★☆★☆★☆★☆★☆★☆★

　　某公司为了确保"先进文化进班组"活动顺利开展，特地为各级班组送去图书架和有关班组建设方面的书。这一活动的目的是改善一线员工的学习条件，为全体班组成员的成长营造良好的文化氛围，从而激发组员的创造活力，让"爱读书、读好书、善读书"的习惯根植于每一名组员的内心。

有了自己的图书角，各级班组开始不定期组织组员开展各种读书活动，交流心得，这不但能提升自身道德文化修养，还有助于缓解工作压力，让组员树立良好的心态，极大地满足了组员的精神文化需求。对于如此浓厚的学习氛围，很多组员都说一定要好好把握机会，积极学习，让图书角真正发挥出作用，让阅读成为一种常态，为班组和公司的发展贡献出自己的光和热。

★☆★☆★☆★☆★☆★☆★☆★☆★☆★☆★☆★☆★☆★☆★

班组成员从自我设计、自我管理、自我学习、自我创造，到自我感化、自我超越的过程，无疑是个人学习的一个清晰脉络，所有成员都遵循这一脉络，就会自然地积极参与到学习之中，形成团队化学习。

全员学习氛围的营造有赖于班组每个成员的努力。班组应在管理中引进学习，搭建多渠道、全方位的员工教培体系，建立健全教培及激励约束机制，同时广泛开展岗位练兵、技能比赛等学习活动，从而推动个人学习、自主学习、全员学习的班组学习氛围的形成。

遗憾的是，有些班组并不热衷于提升班组学习力，提倡全员学习，究其原因主要有四点：其一，班组和企业领导不重视班组成员的学习培训，把主要精力都放在了生产和经营方面，忽略了挖掘班组成员的潜能，加上班组长和相关负责人日常事务繁多，不能安排好个人学习和团队学习；其二，有些组员对学习存在排斥心理；其三，班组和企业没有学习培训制度、激励制度或建立制度并不完善，且实用性不强；其四，班组和企业在促进组员学习上投入不大，无法保证对组员进行必要的学习与培训。因此，要想推动全员学习，必须在思想意识、制度建设和资金等方面加大改进力度，这样才能从根本上提升班组学习力，增强企业竞争力。

☆★☆★☆★☆★☆★☆★☆★☆★☆★☆★☆★☆★

某供电公司为了提升服务水平，开展了集中学习优质服务活动，旨在分析公司遇到的很多服务类投诉问题，并为此有针对性地制订防范措施，进一步提升整体服务水平。很快，公司各级领导、各部门以及业务实施机构人员都开始参与到基层班组的学习之中。

公司统一要求，十几个班组应定期学习优质服务的相关内容，领导会与一线组员共同学习探讨，他们的学习内容涵盖"××监审部有关××年一季度服务态度投诉情况通报""××电力公司营销部关于分公司投诉处理严重工作差错情况的汇报"等方面的内容。包括领导在内的全体成员都在这次学习活动中充分地发表了个人观点，既对服务投诉事件进行现场讨论、分析、总结和点评，又开展自我剖析，以此提升全员的服务意识和工作责任心。

在活动中，组员们纷纷发表个人意见和心得，有的说"我们在工作中应当规范服务行为，提升业务技能"，也有的说"要推行微笑服务，认真对待客户的咨询，不推诿、不搪塞"，还有的说"当遇到客户无理取闹时，我们一定要沉着应对，做好自己的分内事"……组员们各抒己见，现场的学习氛围十分浓厚。

最后，负责人提出了具体要求：希望全员都能认清形势，多站在客户的角度思考问题，尽力提供差异化服务；反思优质服务的薄弱环节，用身边的实例警示同事，逐步提升全员对优质服务的认识。

★☆★☆★☆★☆★☆★☆★☆★☆★☆★☆★☆★☆★☆★☆★☆★☆★

这种浓厚的学习氛围激发了全员的学习热情和兴趣，使得班组和公司形成了一种学习文化，让每名组员都认识到"学了有用、学了能用、学了有提高、学了有效益、学了有创造"的学习目标和价值，更进一步地通过全员学习提升了班组的服务质量，最终提高了企业的效益。

如果把全员学习看作目标，那么个人学习便是根本，若每名组员都具备学习热情和兴趣，全员学习则是水到渠成的事情。因此，个人要把学习目标与班组目标、企业目标连接成一个整体，更要把专业知识与社会、文化、经济知识有效结合，才能一步步创建学习型班组，乃至于学习型企业。

❀ 4. 发挥信息技术优势，做好班组信息化建设

在社会发展的新形势下，班组建设、管理也进入信息化建设时代，这对班组学习提出了更高的要求。班组应当积极开展信息化管理，以适应新形势下的班组管理工作需求，这也是确保班组管理体制合理化、管理方法科学化的重要手段。

班组管理信息化，是以安全生产指挥中心覆盖班组为核心，借助管理信息系统创建班组电子台账和数据库，从而保证安全信息、生产任务和应急措施等快速传递和及时反馈，实现班组管理规范化、标准化、现代化，最终提升班组自控的能力。这是一项从企业到班组、自上而下的学习活动，更要求作为"兵头将尾"的班组长牢牢掌握科学先进的信息化技术和方法，将企业的各项决策贯彻落实到位。

★☆★☆★☆★☆★☆★☆★☆★☆★☆★☆★☆★☆★☆★☆★

距某油田采油气工程服务中心基地1000多公里，位于四川省达州市的普光项目部的各项生产数据，通过卫星系统不断被传送到了中心信息化生产指挥中心的数据库。该数据库掌控着超过60支作业队伍、500余台生产车辆的动态数据，通过信息化系统，整个中心的一举一动都被计算机"监控"着，而这只不过是采油气工程服务中心信息化建设的冰山一角。

近年来，该采油气工程服务中心不断加强班组信息化管理

水平建设，初步形成了以作业视频监控系统、车辆北斗监控系统为核心的信息化管理平台，在班组生产运营和安全管理上提供了强大的支撑力。

作业区的一个队长说："以前我们向调度室员工咨询车辆情况时，他们因为不能及时掌控车辆情况，导致生产十分被动。"现在，"信息孤岛"被打破，生产效率得到大幅提升，这都得益于中心成立了专业化团队，把原来的作业视频监控系统与车辆北斗监控系统完美地整合在一起，成立了生产指挥中心，实行统一组织、统一协调、统一监控和统一处置。正如该中心的党委书记所说："夯实数据基础，建立统一的数据资源中心，实现专业软硬件资源、基层数据共享应用的优势，是信息化建设的第一要务。"

以往，在没有学习、掌握并熟练应用信息技术之前，每天的工作量都要手写记录，耗时耗力，现在却只需要轻点鼠标，一天的工作量就会在电脑上逐一呈现出来。更关键的还在于，中心调度室员工通过随时查看基层班组的工作进度，不再像之前那样层层汇报了，真正达到了降低成本、提高效率的目的。

同时，实时视频监控系统遍布于每一个作业现场，摄像头可以 360 度无死角旋转，24 小时不间断监控，安全督查部门的负责人用电脑或手机就可以实时查看施工现场情况，这也从侧面确保了作业现场人员的规范化施工，提升了安全意识。可以说，通过信息化的应用，班组安全管理水平得到了巨大提升。

★☆★☆★☆★☆★☆★☆★☆★☆★☆★☆★☆★☆★☆★

信息化建设让班组管理更加智能，在信息化大潮下，班组建设越发依赖信息资源、信息技术，所以班组成员学习信息技术以做好班组信息化建设就成了重中之重。

为了保证班组信息化建设有序推进，提升班组信息化建设达到标准和效率，班组长要担起重任，做好以下三方面工作。

第一，建立班组领导小组。组建专门的班组信息化建设领导小组，明确管理职责，同时各班组也要结合实际情况制订可行的方案并积极落实，从而保证信息化推广工作的有序进行。

第二，通过培训提升应用水平。开展班组建设信息化管理系统培训，提升全员认知，进一步加强掌握班组建设信息化管理系统的操作，夯实推广运用工作的基础。

第三，通过考核保证应用实效。学习的目的在于应用，为此应不定期抽查班组建设信息管理系统的应用实效，在班组建设考核、班组定级考评以及评选先进班组等工作中都要纳入这一系统的推广应用情况，同时加强对各班组工作的检查考核，确保达到实际效果。

班组信息化管理具有管理过程即时性、管理系统共享性的特点，既能快速分析大量数据，确保班组准确、及时地核算生产消耗、监控生产过程，又能保证班组成员独立完成一些原本需要其他工种配合才能完成的工作，实现了班组管理工作的连贯性、完善性。

☆★☆★☆★☆★☆★☆★☆★☆★☆★☆★☆★☆★☆★☆★

某超高压公司有一个班组信息化平台，该平台是由公司自动化班按照标准化班组建设标准自主设计完成，其中包括班组建设、安全及日常管理记录及报表、生产过程管控等，细分为六大功能——任务派发、过程管控、资料存档、统计自检、效果评估和经验交流。该平台在试运行期间，班组也对信息化平台进行了更新，先后两次升级，力求覆盖内容更全面、平台应用更方便和快捷。

据悉，在搭建并运行该平台之前，每个班组每个月要记录18项、更新月记录84项，季记录6项、更新季记录32项，记录漏填及更新不及时等情况屡屡发生。全面推行并应用班组信息化平台后，班组日常管理中容易出现的漏洞和顽疾均被一一解决，工作效率更得到了大幅提升。

★☆★☆★☆★☆★☆★☆★☆★☆★☆★☆★☆★☆★☆★

班组管理信息化建设在增强企业市场竞争力方面意义非凡，因而只要组织班组成员多学习信息技术，并在班组中营造浓厚的掌握信息化技术的学习氛围，并充分认识到班组信息建设的重要性，便能够在工作中逐渐摸索出建立班组管理的新模式，最终借助信息化手段优化工作流程，提高工作效率。

5. 终身学习，共建学习型班组

古人云："业精于勤荒于嬉，行成于思毁于随。"学业会因为勤奋而专精，因为玩乐而荒废，这也道出了勤学的重要性。而从建设质量信得过班组的角度看，只有学习可能还远远不够，全体成员必须在脑海中形成"终身学习"的观念，并以此养成善于学习、勤于思考的习惯，才能真正在建立的过程中少走弯路、减少挫折。

在班组中，无论是个人学习还是团队学习，都要掌握一定的学习方法，如此才能提高学习效率，也有助于学习班组的创建。

（1）明确目标。创建学习型班组的第一步是制定明确的学习目标，以及具体的实现目标的计划、步骤等。有了目标，做事情才有动力，才会提升学习的注意力、强化学习动机；同时，在目标的刺激下，班组成员可以从宏观中把握微观，也会慢慢掌握知识之间的内在联系；此外，明确的目标也会让班组成员轻易区分知识点的主次和重要程度，以便把更多时间用在对重点知识的学习和巩固上，既节约了时间，又能更快速地学到最有用的知识。

（2）学会系统学习法。知识与知识之间都是按照一定的结构联系起来的，所以在学习时不能将知识割裂，要系统地学习。立足于一个"根"，而后添枝加叶，让自己心中的"知识之树"越来越茂盛。

（3）学会联想学习法。即让组员意识到同一知识系统之间，以及不同知识之间都有内在的相互联系，所以在学习时要注意到这种联系，不能孤立地学习任何一种知识。要学会触类旁通，善于从一个事物联想到另一个事物，从一类知识联系到另一类知识，从而让自己的知识体系更加庞大。联想是一种基本的思维形式，也是有效的记忆和学习的方法。

（4）学会协同学习法。这种学习法更像是系统学习法的延伸，即在学习时留意不同门类知识之间的内在联系，做到协同一致地学习。打个比方，在学习某一专业领域的课程时，需要选读相关英文资料，如此便可以在学习的同时提升英文水平，一举两得。这是一种非常重要的学习法，尤其在现代社会，人们的工作和生活节奏越来越快，没有更多的时间用在某一项学习上，所以协同学习，把一门知识和技能融合起来，在相同的时间内会有成倍的收获。

科学的学习方法不一而足，每名组员乃至于整个班组只要找到更适合自己习惯和节奏的方式，就会事半功倍，大幅提升学习效率。

★☆★☆★☆★☆★☆★☆★☆★☆★☆★☆★☆★☆★☆★

　　某公司仪表班在历年的优秀班组评选中都摘得桂冠，不过该班组并未满足于此，仍然大力开展创建学习型班组活动。

　　众所周知，仪表专业对技术要求很高，因为行业更新快且与现代信息技术联系紧密，若不能及时、快速地更新知识，班组成员很难在出现新问题、面对新挑战时保持从容。所以，仪表班加大了对先进设备的投产，这可以"迫使"组员主动学习新的操作知识和技能。同时，仪表班还派出仪表工赴京学习，使相关人员能做到懂原理、懂操作、懂维护，不断提升业务技术素质和岗位操作技能。

　　仪表班积极响应"科技兴站，素质先行"的培训思路，结合本班组的实际情况制订了有针对性的培训计划，由班组长带头，每周利用一个下午的时间对全组成员进行培训学习，并采取每人轮流备课的授课方式，全员共同探究共性问题。在这个过程中，全体成员都充分调动起自觉性、积极性和创造性，整个班组也形成了自主学习、终身学习的学习理念，为创建学习型班组夯实了思想基础。

★★★★★★★★★★★★★★★★★★★★★★★★★★★☆

创建学习型班组的根本在于学以致用、即用即学，将所学理论知识与实际紧密地结合起来，杜绝死学知识、学死知识，以及走过场、搞形式等，这样的学习既产生不了任何实际效益，也浪费了时间和精力。

学习是为了解决生产、实践中遇到的难题和疑惑，通过学习真正掌握知识和技能，提升能力素质。在学习中，班组也要更多地开展如团队互助式学习、以问题为师进行学习、以同仁为师进行学习、以案例为师进行学习等，通过全方位的学习，便能够有序、稳步地推进学习型班组的建设。

☆★★★★★★★★★★★★★★★★★★★★★★★★★★★

熊启明是澄合矿业公司综采队一班班长，他常把"刀不磨要生锈，人不学要落后"这句话挂在嘴边。他是这样说的，也是这样做的，虽然他只有初中学历，但自从走上工作岗位，成为班组长后，始终把学习当成头等大事。

面对新形势下的精细化管理要求，熊启明深知自己的知识储备不足，所以经过一年的工作实践，他总结了四点心得体会：第一，知识可以让管理方法灵活运用；第二，知识是让组员明白道理的有效载体；第三，知识可以让组员学会具体操作；第四，知识可以破解难题，答疑解惑。他还说："班长只有业务熟练，才能更好地带领本班组员工完成队上赋予本班的安全生产任务。"

熊启明在心里把"干一行、爱一行、专一行、精一行、通一行"当成了座右铭，决心带领全员把理论学透、把技能学精。为此，他率先把煤矿三大规程、安全手册、安全法律和法规熟记于心，之后又与几名组员一起去其他单位学习综采技术。在他的带领和带动下，几名组员很快掌握了技术，之后多次顺利地解决了单位设备故障难题。

终身学习是一名优秀班组长应该具备的品质，也是发展的需要，在这样持续学习的过程中，班组长要发挥带头作用，善于运用正确的理论做指导，避免组员脱离实际、生搬硬套，要牢牢结合本班组、本企业的实际情况，创造性地运用学习型组织理论。为此，在创建学习型班组时，班组长要着重注意以下几个方面：

第一，提升班组成员对学习的认识，鼓励学习行为，让班组内形成良好的学习氛围。

第二，目标一致。在一个理念、愿景的作用下，组员会自我激发出强大的勇气和信念，从而产生令人意想不到的创造力，并最终形成强大的内驱力。

第三，制订创建计划。要想成功建立起创新型班组，必须有清晰的计划和实施步骤，因为这是个循序渐进的过程，并非一蹴而就，唯有不断地学习、不断地提升，永不满足，才能在正确的方向上阔步向前。所以，为了确保创建过程的顺利和有序进行，就有必要制订与班组发展、企业发展步调一致的创建计划，然后步步为营。

第四，发挥榜样的作用。在创建学习型班组的过程中，应该将那些有创建经验并大获成功的例子作为榜样在班组中展示出来，让全员认真学习，以对比自身存在的缺陷和不足，最终实现从基层班组向学习型班组的转变。

第五，建立奖罚机制。奖励和惩罚对于创建学习型班组有着特殊作用，大部分基层班组在形成学习氛围之前，会有个别组员产生排斥心理，不愿学、不爱学、不善学的组员也大有人在，所以为了整齐划一，共建学习型班组，对于搅扰班组其他成员心态的行为加以制止和约束，或给予必要的惩罚也显得非常必要。相反，对于能够积极参与班组学习活动、带动同事在创建过程中献计献策的组员，则要给予一定的嘉奖，或物质奖励，或职务奖励，从而确保全体成员为了一个共同的目标努力。

第九章

善创新，为卓越班组永续发展赋能

创新是班组管理的动力之源。在班组中开展创新活动，有利于点燃班组活力和班组智慧，构建积极的创新文化，从而让全员在浓郁的创新氛围中争当创新先锋，由被动创新转向主动创新，实现"人人有创新，班组有专利"的良好局面。创新活动要渗透到班组工作的方方面面，全员应立足于自身岗位，担起创新使命，不断在工作中寻求突破、超越自我，强化创新意识、激发创新热情，以增强班组的核心竞争力。

1. 培养创新意识，营造创新氛围

创新是质量信得过班组的建设理念之一，它要求班组应基于事实，运用科学的方法，不断优化、改进和创新班组各项基础管理工作，从而提升保证产品和服务质量的能力。

班组创新的目的，归根结底在于使顾客以及其他相关方更加信赖班组，这种现实加之竞争日趋激烈的社会现状，都对班组提出了前所未有的创新要求。创新是一种锐意进取的精神，更是一种不断追求卓越和发展的理念。守旧一定会落后，只有创新才能图强。因此，小到一个班组，大到一个企业，都必须立足于创新，这是赢得持续竞争优势的关键。

缺少创新的班组和企业会失去发展的动力，整个组织会如同一潭死水，毫无生机与活力，会处在停滞不前的境地。所以，唯有创新，才会让班组和企业获得竞争优势。

☆★☆★☆★☆★☆★☆★☆★☆★☆★☆★☆★☆★☆★★

山东某水泥公司班组长吴国峰（化名），是一个表面看起来有些"文弱"且不善言辞的人，但他技术过硬，善于创新，所以先后多次获得"创新员工""标兵""先进"等荣誉称号。

吴国峰有一股不服输的精神，身为班组长的责任感、使命感使他下决心把所带班组打造成公司的一流班组。为此，他引导班组成员形成了"提升学习力，创一流班组"的共同愿景，并结合日常实际工作，积极开展节能降耗创新活动，鼓励大家在旋窑安全操作、技术改造、节能降耗等方面献计献策，逐渐形成了全员"想创新、敢创新、争创新"的创新氛围。

不久，吴国峰的班组在"全员皆可创新"这种意识的引导下，成功研制出"硫化修补法"等创新举措，为班组和公司创造了实实在在的经济效益。

★☆★☆★☆★☆★☆★☆★☆★☆★☆★☆★☆★☆★☆★☆★☆

来自市场的压力会在不知不觉间施加到企业、班组以及每一名组员的身上，要想消除这种压力，就必须敢于创新，实现个人意识的突围。班组长要重视培养组员的创新意识，让所有人都喜欢上动脑筋、想办法，毕竟只有形成浓厚的创新氛围才更容易解决问题，也更容易实现突破。

在班组中建立有利于创新的轻松、自由的氛围，对创新大有裨益。要想形成这种氛围，可以采取以下几种措施：

首先，通过宣传营造创新硬环境。"广而告之"依然是让人们在大脑中快速对于某一事物产生印象的行之有效的方法之一，借鉴这种方式，班组也要多利用橱窗、黑板报、报告会、网页等载体，对创新项目、方法、建议等做全方位的宣传，让班组成员目之所及的一切尽与"创新"有关。

其次，建立并完善创新机制。这一机制的建立是为了保障班组成员的个人创新意识，旨在为他们提供落实创新设想的资源。换句话说，班组中有想法的组员可以自选项目进行创新实践，即便犯错或失败也没有关系，重要的是创新意识不灭、创新精神永存。当组员通过创新获得成果时，班组及企业要给予他们适当的物质奖励和相应的权限，让他们能够适当调配人力物力继续为创新项目服务。班组内部也可以设立专门的创新奖项，让所有创想都有茁壮成长的土壤。

再次，用恰当的管理方法刺激创新者。班组在管理上要为创新者"铺路"，以便他们可以在不受外界干扰的情况下自由地把脑海中的设想变为现实。比如可以给予他们一定的职权，刺激这些创新组员的创新热情；也可以设定一个设想成真后的薪酬比例，能够让成员觉得自己付出的努力得到了回报，同时他们的"成功"会让其他成员在内心点燃创新之光，从而让整个团队掀起创新热潮。

最后，加强创新文化建设。班组应加强以"团结奉献，求实创新"为主题的文化建设，打造创新文化宣传平台，不断完善创新文化的制度建设，形成人人重视创新、愿意创新、能够创新的局面，让创新的意识长存于每一名班组成员的头脑中。

☆★☆★☆★☆★☆★☆★☆★☆★☆★☆★☆★☆★☆★☆★

2022年6月，河南开祥精细化工有限公司对2022年一季度大众创新成果进行表彰。在这次评选中，一共有16项大众创新成果进入终审，其中13项创新成果获奖。这次评选与以往大不相同，因为有42名基层员工参与到了创新成果中，而且很多项目都由基层班组牵头。

该公司每个季度都会评审职工申报的大众创新成果，同时设立创新奖项，让所有参与到创新中的组员"劳有所得"。尤其是该公司积极推动"创新型"班组建设，引导全员立足岗位，围绕安全生产等各个方面开展创新，这促使"动脑子、想点子、破难题"的创新氛围越发高涨。

比如，公司的四个班组共同提出了"低压氮外送阀增加电动执行机构"项目，该项目得到了创新三等奖。在该项目立项之初，部门管理人员及基层班组成员便积极响应，之后经由全员的共同探讨和研究，增加了电子阀门以确保在紧急情况下可以最大限度降低危险事件发生概率。在"全员参与、共同思考"的创新氛围下，这一项目改造大获成功。

从全面推动"创新型"班组建设以来，公司各个班组的创新氛围更加高涨，很多创新项目接踵而至，解决了很多生产中的实际问题。公司的一位负责人说："下一步，我们将继续通过完善机制、搭建平台、奖励引导的方式，精心呵护班组提出的每一个创新'火花'，真正形成创新推动企业发展的'燎原之势'。"

★☆★☆★☆★☆★☆★☆★☆★☆★☆★☆★☆★☆★☆★☆★☆

班组的创新氛围越强，班组成员的创新劲头越足，越会产生更多的创新举措。正所谓"环境塑造人、环境影响人"，一个充满创新气息的班组才能让班组成员各显其能，充分发挥主观能动性，为班组和企业创造出巨大价值。

良好的创新氛围如同为班组、企业安装上了一台大功率发动机，可以为企业带来源源不断的创新动力，而要想让这台发动机永远平稳运转下去，全体成员就必须不断强化创新意识，以此形成创新合力，才能让这台发动机变为"创新永动机"。

2. 推进岗位创新，做新时代的班组先行者

爱因斯坦曾说："人们解决世界的问题，靠的是大脑思维和智慧。"这种思维和智慧便可以理解为"创新"——打破了传统的、旧有的思考模式，一切难题就有了解决的办法。

创新思维是开展创新活动的基础，班组成员的创新思维更多来自岗位，简单点说，在工作岗位上碰到的很多难题都会激发创新思维，所以班组成员要经常性地、富有创造性地开展工作，提升质量和效率，争当新时代班组先行者。

要想实现岗位创新，首先应明白岗位创新的含义。其一，班组成员

必须立足于本职工作，全身心地投入其中；其二，班组成员要主动在自己的岗位上寻求创新。数以万计的匠人、劳模已经用他们的实际行动告诉我们，脚踏实地，立足于本职工作，不怕困难，敢于挑战，才能从实践中获得智慧，而后凭借这种智慧实现创新。

创新并不容易，因为创新首先意味着改变，意味着打破常规和惯例，要承受"革新之痛"，同时，创新要求创新者持续付出，这便要承担失败的风险，所以只有那些真正把创新观念根植于心的人，才有勇气向未知发出挑战。

☆★☆★☆★☆★☆★☆★☆★☆★☆★☆★☆★☆★☆★☆★

张加鹏自2000年11月参加工作，此后20年如一日地走在"创新之路"上，凭借这股劲头，他从最初的一名普通操作工成长为青岛市洗衣机装配工种的"首席技师"，后来成为青岛海尔洗涤电器有限公司质量改善经理，并在青岛市第十三、十四届职业技能大赛中连续两次获得洗衣机装配工种"冠军"。

在由他牵头组建起"劳模工匠创新工作室"后，他带领团队成员屡屡攻克各种创新课题，有效解决了线体生产中出现的分配器手把闪缝、内筒磨窗垫、减震器噪声等问题。20年间，他与团队成员共同攻关工艺编制76项，线体瓶颈创新改善300余项，创新成果推广复制32项，因创新实现的收益达1000余万元。

王献勇，也同样是一名从普通技术员成长为省级创新工作室带头人的创新先锋。他立足于本职工作，充分发挥职业优势，从技术员一步步凭借创新成为唐山三友矿山公司运矿车间特级技师、汽车维修工高级工程师。30多年来，他时刻不忘创新，由他和团队成员开发的"地面移动式重型工具专用平衡助力系统"项目获得了国家实用新型专利。

众所周知，矿用机车体积大，单是车辆检修时使用的加固螺丝的系统扳手就重达 50 公斤，长时间操作十分费力。经过一次次的反复实验，王献勇和团队成员终于研制出了这种平衡助力装置，完美地解决了这个难题，大大地提升了工作效率。

开展岗位创新，除了要求员工具备打破常规的勇气和信心，班组和企业更要着重培养员工创新的心理素质，要让员工正确看待创新，不要一谈到创新就觉得那是高智商群体或领导干部的事情，与基层员工毫不相干，倘若心存这样的错误认知，那么无论身处什么岗位都难以实现创新。

要想实现岗位创新，在具备了一定的专业知识和技能外，首先要充满自信，相信自己具备改变事物的能力；要激情满怀，愿意为达成目标付出更多的汗水和牺牲；要有责任心且勇于担当，因为创新与风险并存，也就意味着失败常伴左右，所以唯有敢于担责才有机会看到雨后彩虹。

其次，班组和企业要在组员实现岗位创新上起到推波助澜的作用。比如，要认识并充分发挥、利用组员的创新意识和能力，鼓励他们在自己的岗位上进行创新。任何一个组织，想要从低水平走向高水平，都离不开基层岗位的创新能力，班组和企业在组员实现岗位创新上应加大资源投入，为他们提供更广阔的创新舞台，在组员实现个人价值的同时，班组和企业也获得巨大的收益。

再次，班组和企业要为创新型人才制订合理的成长机制，要采取多种形式开展岗位创新，比如岗位竞赛、技能比赛、学习观摩等；也要拨出一定的经费予以支持；某员工或班组通过创新获得成果后，要及时给予适当的奖励；任人唯贤，让那些真正有本事的人有用武之地，不以学历、资历和年龄论英雄；在班组和企业内形成良好的竞争氛围，尊重劳动、尊重知识、尊重人才、尊重创造。

此外，进一步完善激励制度，让创新型人才的创新业绩与收入挂钩，从而形成以保护知识产权为核心的创新激励制度。对这类人才要尽可能施行中长期激励，比如给予适当的期权、股权，同时人身意外保险、养老保险等更不可或缺，以解除他们的后顾之忧，让他们全身心地投入创新活动。

最后，必要的培训是强化组员创新思维、提升创新能力的有效手段。班组和企业要设法让组员掌握更多的创新方式，侧重于组员思维求异性、流畅性和独立性的培训，帮助他们在思想上接受新、认识上感知新、思维上思考新，同时让一切思维活动与工作实际完美结合，以便在工作中开发出新产品、新设备等。

★☆★☆★☆★☆★☆★☆★☆★☆★☆★☆★☆★☆★☆★

娄先义是城郊供电公司的一名普通外线工，在配网线路维护岗位上一干就是20年，兢兢业业，毫无怨言。虽然他文凭不高，但完成了10余项技术革新与改造项目，他所在的班组也因为勇于创新和优质高效的服务被市总工会命名为"娄先义班组"，更获得了国家电网授予的"工人先锋号"称号。

娄先义最初奋战在运行维护岗位，第一次爬杆儿便吃了苦头。当时他需要扛着一捆导线爬上18米高的杆子，这是他以前从未想过的事情。为了完成任务，他积极开动脑筋，想到了用收线车把导线吊上去的方法，此后大家也都开始使用这种方法。

还有一次，娄先义针对外线工人出勤作业的实际情况做出了创新之举。那时大家都要带上很多设备，既重又不方便携带，尤其是长达三四米的绝缘棒。于是娄先义开始琢磨，最后他想到的是把绝缘棒做成折叠式的，这不禁让大家交口称赞。凭借着频出的好点子，娄先义只用半年时间就当上了副班组长。

2000年以后，娄先义创新改革的势头更盛。比如，他发明的电动负压泵，利用压力原理可以让变压器油面上内外压压强相等，在不放油的情况下，5分钟即可更换变压器垫圈，比原来节省近 2 个小时；他还发明了一种套筒式瓷瓶，遇到坏了的瓷瓶无法卸掉时，只要敲碎瓷瓶，在原来的支撑杆装上套筒瓷瓶，再用螺丝固定即可。这一发明将更换时间从过去的平均 25 分钟减少到 2 分钟，不但缩短了客户停电时间，也为企业和社会创造了巨大的效益。

外线工是一个又苦又累的工种，而抢修现场的安全保障只寄托在一根安全带上。以前的安全带因为只有一个着力点，系的时间一长，工人们便腰酸背痛。针对这种情况，娄先义设计了一款"登杆过程全保护"的装置，有效地保证了工人登杆过程中的安全，让大家在进行高空作业时仿佛坐在了一个"马扎"上，十分平稳。

娄先义不单单自己立足于岗位创新，还带领团队成员一起创新。他的班组被市总工会命名为"娄先义班组"，不断地在创新路上发光发热。

★☆★☆★☆★☆★☆★☆★☆★☆★☆★☆★☆★☆★☆★☆

创新型人才是班组的宝藏，也是推动企业持续发展的核心动力。争当创新型人才，要求每一名班组成员都首先要立足于自己的岗位，学会并善于从最基础的工作中发现创新点，从而逐渐树立起"我要创新"的创新意识，结合工作实践，实现创新跃迁。

3. 开展"五小"活动，助力班组创新常态化

对任何一个班组来说，"五小"创新都是班组建设与创新能力的重要体现。通过开展"五小"活动，职工技能素质得到进一步提升，更

能有效地解决生产运行中的实际问题。那么，什么是"五小"？

"五小"，即小发明、小创造、小革新、小设计、小建议，旨在推动机制体制改革，促进产品升级换代，改进设备、工具和仪器，降低能耗及节约原材料和提升员工技能素质。虽然在发明、创造、革新、设计和建议之前冠以"小"字，但创新从来无小事，任何细微的改进都会为班组和企业带来巨大的收益。

从"五小"活动推行以来，它都是班组降本增效的有效手段。时至今日，很多班组、企业都在积极鼓励并大力开展"五小"活动。

★☆★☆★☆★☆★☆★☆★☆★☆★☆★☆★☆★☆★☆☆

2022 年，中国二十二冶集团中冶重工唐山公司机加工班组组员贾利敏，与工友一起对车床刀杆进行了改革，发明了端面大切深圆弧刀杆装置，该装置节约成本近 5 万元，且使用效果良好。贾利敏说："这项小改革不仅提高了工作精度，而且能大幅地节约生产成本。"

在重型车间，数控火焰切割机的工作环境一改以往"烟雾缭绕"的旧貌，没有产生切割烟雾和粉尘，周围非常干净整洁。班长耿浩男说："这是我们下料班组开展技术创新，设计制作的顶吸式焊烟净化除尘罩。别看这套装置结构简单，它可以将切割过程中产生的烟尘通过除尘罩全部吸入焊烟净化器，净化效率高达 95% 以上。"

公司曾举办"五小"创新大赛，希望公司各班组成员都能够"比学赶超"，人人争当"创新达人"，在不断琢磨、不断尝试和不断改进中实现更多的发明创造。

★☆★☆★☆★☆★☆★☆★☆★☆★☆★☆★☆★☆★☆

"五小"活动让班组和企业在创新上更具活性，也会让全体成员在创新上慢慢地变得自觉、自主。

开展"五小"活动意义非凡。首先，它会为更多有才能、有智慧的员工提供广阔的施展平台，也会帮助班组和企业挖掘出一大批技术标兵、操作能手和岗位模范，他们会为团队创造出更大的效益。

其次，通过"五小"活动，班组和企业的技术会得到进步，也就自然会提升竞争力。

最后，"五小"活动也有利于班组成员的成长和发展。在开展活动的过程中，老组员可以对新组员进行"传帮带"。虽说各项小发明、小创造等并不以年龄、资历为衡量标准，但这些条件仍然可以推动发明和创造等方面的展开。所以，通过这样的活动，新老组员间会更有默契，也更容易激发出团队的力量；同时，全员参与"五小"活动，会进一步激发出各自的创造力，并提升学习力，从而逐步改进企业与班组的技能水平。

"五小"活动因为冠以"小"，所以更聚焦于每一名班组成员的实际工作，要求他们能够立足于自身岗位，从一点一滴中找到创造与革新的意义，促使他们不断发挥聪明才智，积极动脑筋、想办法，最终实现促生产、增效益的目标。

某公司开展"五小"活动以来，企业与员工都迎来了巨大的变化。企业不但赢得了更多的经济效益，也更具竞争力；员工也在这样的创新活动中得到了实惠，他们真正地看到了"五小"活动的价值和意义，积极地参与到各种小创造、小发明和小改进之中，不断拓宽思路和眼界，持续地为客户提供着优质服务。

在进行各种创新活动时，全员都做到了从细节入手、从身边做起，比如："降低SF6断路器气体监测装置引发的事故率""解决六氟化硫断路器漏气的次数"等小革新、小改造等，提升了变电设备的运行水平；"发放适合冬季工作的安全帽""检修车辆配备急救药箱"等小建议，提升了组员的自我保护意识。

此外，针对各种生产难题也开展了更有针对性的"五小"活动，比如："带电检测憎水性试验"，有效解决了设备带电状态下的测试难题；"带电安装避雷器新方法"，有效解决了导线接点过热无须停电处理的临检难题等。

公司通过开展"五小"活动，更加高效地促进了员工、团队与企业的共同发展，员工因此获得了更大的满足感和成就感，企业也因此获得了源源不断的发展动力。

可以说，"五小"活动使人与企业各个层面之间的关系更加紧密，因为"小发明、小创造、小革新、小设计、小建议"更多地表现在与基层员工有关的方方面面，这些与生产关系最密切的每一个侧面往往最容易出新出奇，也最容易通过各种改进和革新焕发生机。

班组通过开展"五小"活动，进一步降低安全、生产和经营管理成本，因为各项小发明、小创造等会最大限度地提升效率，让资源产生更高的利用率。借助"五小"活动，班组的每一名成员也会激发出无限的创新热情和能量，逐步从被动创新转向主动创新。

4. 搭建创新平台，让合理化建议"安营扎寨"

在班组日常工作中，组员往往会有一些小想法或是小创意，乍看起来，它们似乎脱离实际，甚至有悖于常理，但班组要为这些天马行空般的"点子"创造"生存空间"，毕竟很多创新举措最初往往正是在不切实际中诞生的。这里的"生存空间"便是创新平台，换句话说，班组要首先有一个适合创新的氛围，让组员可以随意地培植自己的任何想法和创意。反过来说，如果一个班组总是呈现出死气沉沉的气息，组员的任何建议和点子都得不到重视，又何谈创新呢？

组员偶尔冒出的小想法、小创意大多源于自身岗位，他们因为对自己的工作十分熟悉，所以才能够由熟到精、由精到巧，在这个过程中，一些合理化建议便会自然产生，这也恰是创新的过程。

相信每个班组都希望通过创新为班组创造出巨大效益，也为企业创造出巨大价值，而要想打造创新型班组，组员的合理化建议便是必不可少的。小想法、小创意都可以划归到合理化建议的范畴，细致地说，合理化建议可以理解为关于改进和完善企事业单位生产技术、经营管理方面的一切办法和举措，比如技术改进，包括对机器设备、工具和工艺技术方面的改进和革新等。

合理化建议之所以对班组创新至关重要，归根结底，原因就在于合理化建议的重心集中在提升产品质量、服务质量、降低物质消耗和提高劳动生产效率及经济效益上。一般来说，合理化建议包含如下内容：

第一，关于产品质量及工程质量的提高，产品结构的改进、生物品种的改良与发展，以及开发新产品；

第二，关于高效利用和节约能源及原材料；

第三，关于改进生产工艺与试验、检验方法，劳动保护、环境保护、安全技术、医疗、卫生技术、储藏等；

第四，关于改进工具、设备、仪器、装置等；

第五，关于科技成果的推广，企业现代化管理方法和手段的创新与应用，技术引进以及进口设备的革新等。

对于上述五个方面的合理化建议，在某种程度上决定了班组在创新上到底能迈开多大的步伐。创新要立足于实际，一切小想法、小创意也不能只是虚无缥缈的"无根之想"，但不宜限制想法与创意的产生。班组首先要有适合创新"生发和成长"的氛围与土壤，即打造创新平台，这是确保合理化建议"安营扎寨"的根本。

★☆★☆★☆★☆★☆★☆★☆★☆★☆★☆★☆★☆★☆★☆

2005 年 6 月，某市供电公司为提升市区电网设备的运行可靠性，加大了设备改造力度，计划更换 10 座 220 千伏变电站的 500 多组隔离开关，这项任务落在了赵林（化名）所在的变电检修中心检修二班。

10 月，班组长赵林带领组员将隔离开关的 15 种散装零件运至变电站，用了一天时间才更换完一组隔离开关。照这样下去，全部更换完太费时间，怎么办呢？经过一番琢磨和技术探索，赵林建议采用整体吊装法，先让组员在停电检修前就组装好隔离开关，然后等运行的隔离开关停电后直接开始更换，这便节省了很多时间。

这一创新方法为工作带来了极大的便利，不少组员也由此被带动，积极地加入创新工作中，开始频频想点子、搞创意。2010 年，公司成立了以赵林为主要负责人的"赵林创新工作室"，为更多喜欢创新、善于创新的组员提供了广阔的施展舞台。

2017 年 7 月，刘斌（化名）入职该公司，并在短短两个月后，因为掌握过硬的理论知识加入了"赵林创新工作室"，开始参与创新研发工作。他说："创新工作室给我们这些青年员工提供了交流的平台，还为我们制订了详细的培养计划。这些年，通过与前辈们交流学习，我的工作思路更开阔了，也参与研发了不少创新成果。"2019 年，刘斌参与研究的一个项目获得了科技进步三等奖。

★☆★☆★☆★☆★☆★☆★☆★☆★☆★☆★☆★☆★☆★☆

创新工作室，便是该公司为广大员工搭建的创新平台，可以让每一个致力于创新的员工充分发挥出个人才能，借助创新创造巨大的经济效益，乃至于社会效益。

除了针对具体的设备设施等提出合理化建议，班组成员也可以对企事业管理的组织、制度、方法和手段等提出具有改进和创新因素的办法及措施，这些对于提高管理效能、经济效益等都会有明显的作用。比如，在管理理论和管理技术上的合理化建议，在管理组织、制度和机构等方面提出的改革办法或方案等，这些创新举措在提升企业素质、增强企业核心竞争力等方面都颇有成效。

班组和企业搭建创新平台的方式不一而足，可以是质量、标准、计划、物质方面的，也可以是设备、财务、销售、人事和信息方面的。总而言之，只要有助于班组和企业的降本增效，能够充分发挥一线员工的积极性、主动性和创造性，无论方式如何，都应当大力提倡和鼓励。

★☆★☆★☆★☆★☆★☆★☆★☆★☆★☆★☆★☆★☆★

天业集团汇合新材料有限公司气化生产二班，荣获全国石油和化工行业质量信得过班组称号，该班组在项目上实现的创新、安全、经济和可推广性极大地提升了公司的整体质量管理水平。

这个班组是一个极富活力的创新型团队，在创建之初便把"成为全国质量信得过班组"作为目标，积极配合车间突破各种技术性难题，参与项目技术改进，更把工作重点放在了解决班组安全生产、节能降耗等实际问题上，还在"五小活动""安全标准化班组""QC活动"等方面取得了显著的成果。

班组十分鼓励组员进行"头脑风暴"，积极思考、拓宽思路，并由此发布了多项QC课题。2021年发布的"降低中压水泵停机维修时间"课题更在全国诸多课题中脱颖而出，荣获一等奖。该班组也获得"全国优秀质量管理小组"荣誉称号。

★☆★☆★☆★☆★☆★☆★☆★☆★☆★☆★☆★

班组搭建创新平台的关键在于不断地鼓励，让全员都产生创新意识和创新举动的意义或许要比只顾埋头苦干的意义更大，因而，班组长及企业负责人要让组织形成创新氛围，并积极建立创新文化，为全员的每一个合理化建议提供成长的沃土。如此，既不打击员工的创新斗志，又会获得增强企业核心竞争力的优势，一举两得。

任何一个班组、一个企业若能真正做到集思广益、求新若渴，就会变得更有智慧和力量，因为它让每一个人都站在了统一的阵营，拥有统一的愿景和目标，继而会对组织发展贡献出最大的能量。

5. 变换思路，用创新思维解决问题

在日常生产中，班组总会遇到很多超乎预期的问题，即便事先做了很多预案，也难以将所有方面都考虑周全。因此，当面对某些突发问题时，就必须集中资源进行解决，避免这样的问题造成生产停滞等不良影响。

"出现问题，解决问题"是一个常态，而这一常态背后隐藏着的原因和规律不容忽视。班组成员要学会举一反三，善于打破常规，用创新思维解决问题。

创新思维是班组全体成员都应当学习的一种思维能力，具有开创性、新颖性、先进性和巧妙性等特点，是在其他思维基础上发展和形成的。它以想象、灵感和猜测等非逻辑思维形式为核心，同时不受逻辑思维所形成的某些固定的、先入观点的影响。简单来说，运用创新思维，我们总会在一些好似不合乎逻辑的地方发现新现象，从而创造新价值。

☆★☆★☆★☆★☆★☆★☆★☆★☆★☆★☆★☆★☆★☆★☆★☆★

"点子王"赵西全是陕西煤业集团韩城矿业公司下峪口矿采煤一队队长，他业务精湛，且总能想出解决棘手问题的好办法。

一次，采煤一队安装 4215 综采工作面。这是一项难度很大的任务，试想在不足 80 厘米高的掌子面，人都站不直腰，还要安装支架、溜子等大型设备，难度可想而知，可最终他们顺利完成了任务。

一开始，几个人利用 20 千瓦的绞车拉 14 吨支架，结果花了一个多小时才运送了一台支架，如此计算，要用一个月时间才能运完 98 台支架。赵西全眼见这种现状，觉得必须想想办法才行。

怎么才能既省时间又不费力呢？凭借着多年的井下工作经验，加上他又是个善于动脑筋的人，最终他想到了一个办法。众所周知，支架就像一个人，支梁侧护板如同人的双肩，推移千斤顶侧和人的双手差不多；顶板升起在推移推出的同时，不妨先推溜子再推支架，让 1 号面的管路和 2 号面的支架对接，然后再利用支架自身动力调整支架与溜子的安装。

这的确是个不错的办法，大家照此行动，三四个人就可以操作，只要 10 分钟就能运送一台支架，既不会碰手碰脚，又解决了劳动力不足的问题。当这个办法普及之后，公司下属的每个班组的组员都牢牢地掌握了，最终提前 10 天完成了支架安装工作。

还有一次，4215 对拉面，炮采滞后于综采面，综采面溜子机头下面有一根从减速箱向一轴供油的油路，油路位置太低，常常被炮采面出来的矸石撞坏，这极大地影响了生产进度。赵西全把技术员、机电班班长和支部书记叫到一起，大家一起研究图纸。经过又一轮的"头脑风暴"，赵西全紧锁的眉头舒展开来，大家也知道他肯定想到了办法。

这一次，赵西全让技术员先堵住出油孔，然后从加油盖上打孔接管，再通过外部油路连接齿轮泵，给一轴供油。这个办法成功解决了问题，既不影响溜子的运转，也达到了目的。后来，这一办法在其他区队也推广开来。

★☆★☆★☆★☆★☆★☆★☆★☆★☆★☆★☆★☆★☆★☆

可以看出，很多创新办法说到底并没有多么高深玄妙，甚至往往是一个工件器具的调换和搭配，可结果却与之前大不一样，因为这种改换中掺杂了"改变"，正是这种"改变"才提升了效率、创造了效益。

班组长作为"兵头将尾"，凡事都要率先垂范，在创新上也要身先士卒，为全体成员做出表率。

首先，要学会转变观念。人往往容易陷入思维定式，这正是创新最大的敌人和障碍。所以，在工作中要学会给自己提醒，遇到问题多动脑筋、多变换思路，善于用新知识、新方法和新理念管理自己、管理组员，从而更高效地管理各项工作。

其次，运用正确的思维模式。克服思维定式的有效方式是运用正确的思维模式，即主动改变日常工作时惯用的思维方式，比如作为班组长多从员工的需求入手考虑工作，远比立足于管理岗位更容易发现新亮点、新突破。

最后，找到正确的创新方向。创新是为了解决实际问题，即求实是目的，求新求变只是途径，因而锁定创新目标，找到正确的创新方向，利用各种新方法、新策略谋求新改变，才能获得更大的进步。

创新是发展的动力，对一个班组和企业而言，没有创新就意味着停滞不前。因而，当班组长在创新上树立起榜样，在日常工作中积极地利用创新思维解决各种问题时，也要重视对班组成员的创新思维的培养，鼓励并带动他们多思多想，大胆想象，勇于开拓，从而提升自己的创新素质。

一般来说，可以从以下方面来培养班组成员的创新思维。

第一，发挥想象。想象是一种特殊的思维形式，与思维密切相关，属于人类的高级认知过程。人们通过积极且符合现实生活发展规律的想象，可以创造出不可思议的事物，比如世界上第一架飞机便源于对鸟类翅膀的想象。班组长要善于激发班组成员的想象力，让他们主动去发现新事物，并为将脑海中某些难以言表的事物"具象化"做出新的努力和探索，从而进行创造性劳动。当然，班组成员的想象应更多地立足于岗位实际，而非信马由缰地胡乱想象。

第二，发散思维。发散思维，指的是如果某一问题存在多种答案，那么不妨以该问题为中心，让思考的方向逐步朝外发散，找出更多可以解决这一问题的答案。在这个过程中，人的思维会在种种适合的答案中表现出创造性。一位获得诺贝尔物理学奖的科学家说："涉猎多方面的学问可以开阔思路……对世界或人类社会的事物形象掌握得越多，越有助于抽象思维。"所以，班组成员要善于针对自己的岗位提出各种问题，而后积极开动脑筋，运用发散思维想出各种答案，即便这些答案看起来似是而非，甚至不着边际，但创新思维会在这个过程中得到历练。

第三，横向思维。英国剑桥大学教授爱德华·德·波诺说："纵向思维是在深挖同一个洞，横向思维是尝试在别处挖洞。"我们在生活中和工作中总会遇到很多看似"无解"的问题，那是因为我们总是习惯性地使用纵向思维，所以，为了真正解决问题，不妨尝试换个角度，学会使用横向思维。

班组长要告诉全体成员，面对一件事物，要考虑它多种选择的可能性，而不是考虑它的确定性，学会提出新观点，切忌把精力都花费在修补旧观点上，要善于追求各种机会，不一味地追求正确性。当熟悉并掌握了横向思维法，就很容易通过借鉴、联想和类比等方式把其他领域中的知识、信息、方法和材料等与自己头脑中的问题联系在一起，从而创造性地解决问题。

第四，直觉思维。直觉思维似乎"跳过"了逐步分析的阶段，实现了突然的领悟和理解。它是创造性思维活跃的一种表现，在创造发明过程中占据着重要地位。直觉思维在人类历史上的很多发明和创造中都有着突出表现。比如，"阿基米德定律"便源于阿基米德跳入浴缸的一刹那，他发现浴缸一处的水的体积与自己身体进入水的体积一样大，从而悟出了著名的比重定律。再如，达尔文找到植物生长素，即因为他观察到植物幼苗的顶端朝着太阳照射的方向发生弯曲现象。我们在学习和工作中同样有类似"灵光乍现"的时刻，只要留心并及时捕捉这种创造性思维的产物，就可以成功地发展自己的直觉思维实现创新。

第五，联想思维。很多创新人士都善于在工作中"举一反三"，即不断地让自己的思维从已存在的某一点，或是已知事物的相似点、相近点、相反点出发，获得对事物的新看法。简单地说，联想思维，即在头脑中把某一事物的形象与另一事物联想在一起，找出它们之间共同或类似的规律的思维方式。通常来说，联想思维可分为相近联想、正相似联想、相反联想和因果联想。

不管哪种思维方式或方法，都强调了流畅性、灵活性和独创性，这三个特点也是班组长在实际工作中应积极督促班组成员努力具备的。在班组工作中，全体班组成员都应形成良好的思维习惯，并善于运用多种思维方式方法来解决实际问题，久而久之，创造力才会获得稳步提升。归根结底，班组中的每一名成员都要积极变换思路，拥有创新热情和创新意识，敢于突破陈规，独辟蹊径，才能创造出真正的价值。

6. 巧用"互联网+"，创建新型智慧班组

"互联网+"早已不是新鲜概念，似乎"+"后面接上任何行业、服务以及媒介都成立，简单来说，它更像是让互联网与一切事物产生关联，而在现实中，一切也似乎都可以与互联网产生联系。

在质量信得过班组建设中，"互联网+"也有它独特的作用和意义。随着我国经济结构调整和转型升级深入推进，打造"互联网+班组"早已势在必行。"互联网+班组"也就是新型智慧班组，采用各种智慧终端设备实现班组的"智慧化管理"，让班组管理更高效、科学和便捷。

班组兴则企业强，在"互联网+"时代，班组究竟还能为企业的持续发展贡献出怎样的金色果实，决定了企业在崭新的历史时期会创造出怎样的辉煌业绩。某公司在深刻领会了能源互联网建设的深刻内涵后，决定充分挖掘一线班组成员的智慧，以"流程优化、管理精益、减负增效"为目标，以运检班组为试点，进行基于"'互联网+'的班组移动办公终端"的研发工作，积极探索了因时适势、创新提升的新型班组模式。

该公司以班组建设管理标准为指导，依托于"五位一体"协同管理平台，遵循优化固化班组作业流程的主线，研发出了班组移动作业终端（手机 App）。同时，考虑到运检班组在生产实际中应用一款名为通达的 OA 办公软件做工作计划下达、发布和记录等，并以此积累起丰富的经验，结合"钉钉"与通达 OA 办公系统的兼容性，公司经多次研讨，充分地发挥出一线职工的计算机特长，在此基础上进行了二次开发，在"钉钉"中开发出"班组移动办公"模块。由此，班组成员只

需要通过手机 App，就可以实现班组工作计划的精准下达、检修结果反馈和缺陷处理实时跟踪等。

此外，该移动终端还具有工作日志、技术问答、班组文化展示等功能，为班组成员搭建起了互动交流平台。班组还利用"钉钉"的语音导入、云盘存储、电话会议等便捷功能，最大限度地减轻了班组负担。

这一移动终端以无纸化、移动智能化和人性化的特点牢牢地吸引着一线班组成员，让他们能够带着极大的兴趣投入工作、获得了更多的快乐，也使得工作效率进一步获得了提升。

打造智慧班组的关键是让"互联网+"成为班组管理的新模式和工作方式，这需要班组立足于实践，结合自身所在行业和实际情况制定合理的策略。通常来说，要遵循以下原则：

第一，实用性。无论与互联网怎样结合，重要的是确保所有功能模块的实用性。在这方面，要充分发挥一线班组成员的计算机特长，切实地让成果应用于班组、服务于班组，紧抓班组日常管理的关键环节，且与班组工作紧密地融合在一起。

第二，安全性。为避免产生信息安全问题，切不可与内网信息系统进行交互。

第三，可操作性。移动终端界面设计应遵循简洁明了的原则，辅以语音录入功能，保证各年龄层的班组成员都可以快速上手、轻松操作。

第四，趣味性。为使基层组员一边体验竞技的乐趣，一边轻松工作，在创建智慧型班组的过程中，不妨借鉴游戏排行榜，将班组通过移动终端实现的工作均产生相应分值，让全员都能随时查看积分排行榜，由此可以进一步激发组员的工作热情。

第五，可推广性。各个功能模块的设计应足够灵活和可扩展，并适合推广到所有班组中。

不难看出，管理平台+智能终端+App 的"立体化管理模式"，算是打通了企业与班组管理工作的"最后一公里"，极大地消除了由上而下的层层管理壁垒，满足了多元化、多层级管控的工作需求，真正实现了班组工作的规范化和班组监管的智能化。

有了智能管理平台，班组各个职能部门的人员都可以通过 PC 端登录管理平台，能够在线实时查看班组业务数据，班组成员也可以通过 PC 端、智能终端、手机 App 等"随时随地"处理班组日常工作，没有了时间和地点的限制。

高效、简洁、减负，已经成为智慧型班组最显著的特点。无论班前班后会、人身风险预控、教育培训，还是安全日活动、任务管理、台账管理以及成员管理等多项工作，都将在"互联网+"的大潮下有序开展，班组建设工作也会越发标准化、规范化，以往班组建设和班组工作开展过程中凸显出的不足和存在的问题也将得到全面解决。

基于移动互联网的智慧型班组建设已是大势所趋。一方面，人与人的交流沟通方式逐步向虚拟空间转移，以提高人们信息交流的效率；另一方面，时间与空间对集体会议组织的限制也随之被打破。因而，从大众日常生活主流沟通方式变化的角度看，加强基于移动互联网的班组建设也势在必行，它能够实时沟通，集思广益，有利于智慧班组的创建。

总之，创建智慧型班组充分利用了互联网的资源共享功能，更将智能手机的 QQ、微信等软件的实时交流沟通功能发挥到了极致。借助互联网，班组成员可以自由、轻松地进行班组工作的信息共享，并能在微博、微信等平台上无障碍沟通交流，无论生活还是工作的各个方面都拉近了距离。同时，也可以在互联网平台上进行专业知识的教育。

互联网早已渗透到人们生活和工作的每个角落，实现基于互联网的智慧型班组建设，更有利于提升班组成员的工作效率，真正实现了人与网络的完美融合。

百舸争流千帆竞，借海扬帆奋者先。依托于互联网，能够实现资源与信息共享，更能将互联网与大数据优势和培训等工作相结合，不断在班组成员培训上做加法、蓄能量，为素质提升助力、为班组的降本增效助力、为企业的高质量发展助力！